Kochen Unplugged 3

CHRISTOPH BRAND

featuring

STIEBER TWINS UND TONI-L / CURSE / GLASPERLENSPIEL UND MOUSSE T. / MOSES PELHAM UND VEGA
TIM BENDZKO / SAMY DELUXE / NISSE / SASHA / GREGOR MEYLE / ALEXA FESER / MICHAEL SCHULTE

VORWORT

CHRISTIAN REYHER - BESTER FREUND SEIT TAG 1

Meine Heimat ist ein gekachelter Kellerraum, Protrackerbeats, 1210er, SM 58 und die Nacht duftet nach Lack. Hip-Hop-Kultur in Miniatur. Jugendraum Jugendtraum ... vielleicht. Aber das Gefühl überdauert. Und das, was es aus dir macht. Ein hungriges Herz. Immer rastlos. Immer einmal mehr als du. Aber immer auch Fan von jedem, der was versucht. Aber das Allerwichtigste, was es dich lehrt, ist die Freiheit, das zu tun, was immer du willst. Du willst einen Zug bemalen? Geh und bemal einen Zug. Du willst eine Platte machen? Du willst in einem Turm wohnen? Die Grenzen setzt du dir selbst!

Irgendwann wurden große Träume zu groß gewordenen Freunden. Aber der Antrieb blieb. Wenn wir's machen, machen wir's cool. Es macht immer den Unterschied, wenn du das, was du tust, liebst.

„From Marcy to Madison Square."

Wer hätte gedacht, dass dir die Lehre beim alten Bick mal deine Träume erfüllt? Als der dich noch mit Kroketten beworfen hat, war's auf jeden Fall noch nicht so klar.

*„Only two things could get you through this, man.
That's patience - and persistance."*

Am Anfang steht ja nicht die große Vision von dem, was es mal sein wird. Vielmehr ist es die naive Freude an jedem einzelnen Schritt. Und Herz, klar. Ohne den Mut, etwas zu tun, bleibt man das, was man ist. Und dann zieht es dich raus - weil die Welt auf dich gewartet hat. Aber wahrscheinlich hab ich den besten Menschen gleich zu Anfang getroffen. Früher jeden Tag - heute manchmal einmal im Jahr. Aber egal wo ich war, war der Typ mein Zuhause.

Und vielleicht macht genau das den Unterschied, wenn du unterwegs bist und jemand wie er für dich kocht. Ehrlich. Erdig. Wertig. Und mit dem immer ein bisschen mehr an Herz. Und dann verbindet sich etwas, bei dem nicht gleich klar ist, wie's zusammengehört Kochen und Musik? „Real recognize real." „From Artist to Artist."

Und so ist „Kochen Unplugged" immer auch ein bisschen mehr als ein Buch mit Musikern und Rezepten. Es ist ein Augenblick, eine Erinnerung, eine gemeinsame Geschichte. Immer ein bisschen wie ein Jugendraumproberaum. Meine Heimat ist ein Herz.

VIEL SPASS UND GUTEN APPETIT !!!

INHALT

VORWORT

KOCHEN UNPLUGGED 3

Diese drei Teile waren immer mein Antrieb und es sollte von Anfang an so Star-Wars-mäßig eine Trilogie werden. Han Solo, Luke Skywalker und ich. Ich wollte unbedingt diese drei Bücher, die dann im Regal zwischen Eine neue Hoffnung, Das Imperium schlägt zurück und Die Rückkehr der Jedi Ritter stehen.

Dieser dritte Teil soll das Finale von dem sein, was damals vier Freunde in unserem kleinen gefliesten Proberaum begannen …

Diese unzähligen Jugendzentrumbühnen und das viele Bier, diese unzähligen gefahrenen Kilometer quer durch die Republik auf Jams, Konzerte, in kompletter Vorband-Euphorie und brotloser Kunst, fokussiert darauf, es vielleicht mit Musik zu schaffen, und das alles während meiner persönlichen Knochenmühle Kochausbildung mit Teildienst, Überstunden und Ausbeutung bis zuletzt. Diese Ausbildung zum Koch gab mir aber zum ersten Mal das direkte Gefühl von Anerkennung, Respekt und Liebe, etwas richtig gut zu können, und legte den Grundstein dafür, Kochen und Musik miteinander zu verbinden.

Irgendwo zwischen unserer erfolgreichen musikalischen Erfolglosigkeit ging dann die erste kleine Tür backstage auf, um in der wohl liebenswertesten, aber auch ranzigsten Location der Stadt für Kriz, EinsZwo, Afu-Ra, Maxim, Looptroop oder Jeru zu kochen. Bis zu diesem einen Tag, an dem Toni-L dann in der Maritim-Küche stand und ich zum ersten Mal meine Kochen-Unplugged-Idee live umgesetzt habe. Dieser Tag, der mir kurz danach die Stiebers auf den Küchenpass spülte, dieser Tag, an dem mich Martin mit Curse connectete, um kurz danach sein Freiheit-Album zu verkochen, dann diese Woche im Studio für Max Herre, um dann auf dem bis dato besten MTV unplugged dabei zu sein und für Max und seine Gäste die Woche zu kochen, meine erste Begegnung mit Samy Deluxe, mit dem großartigen FETSUM, Megaloh, Afrob und den Orsons.

Das Marteria-Versprechen, uns mit auf Tour zu nehmen, und dann diese vielen Wochen auf Zum Glück in die Zukunft und später die Roswell-Tour, das erste Shooting mit Samy in der Kunstwerkstadt, das Gefundene Fressen, unser persönlich geschlossener Kreis mit dem unfassbaren SAMTV Unplugged in Hamburg auf der MS Bleichen.

Die ganzen Jahre HipHop Open und alles, was damit verbunden war, Four Artists und Chimperator, das Immer-wieder-Sehen mit Caro und Daniel, Mark Forster und die strahlenden Augen meiner Kids, Tim Bendzko, Elif, Lary, Suave, mit Henning Wehland der Letzte an der Bar zu sein, Pohlmann oder auch Max Giesinger auf der kleinsten Bühne der Welt in unserem Headquarter zu erleben, Johannes Oerding, TEESY, Gerard, dieser für mich große Tag mit Xavier und Moses in der Halle02, diese unzähligen Begegnungen davor und danach, der Schweiß und die Maloche in den kleinsten und größten Küchen, in den größten und kleinsten Hallen und Locations. Das Nicht-pennen-Können im Nightliner, die 18-Stunden-Tage, die Liebe und das Vertrauen, das mir entgegengebracht wurde. Dieser unbeschreibliche Moment, für die 10 Kochgesetze mit Curse im Studio zu stehen, um sie dann auf der Tour einmal mit ihm zu performen.

Es sind diese vielen schönen Momente, manchmal sind sie wohl nur für mich groß. Es ist mein Fuß in der Tür, und wie hat Falk Schacht so schön gesagt: ECHT ERKENNT ECHT! Das ist die Essenz aus diesen unzähligen Begegnungen und mein Antrieb, immer wieder neue Leute von Kochen Unplugged zu überzeugen. Vielleicht ist und bleibt es auch für immer nur meine kleine/große Bühne, wenn es schon die großen Arenen nur hinter der Bühne geworden sind.

ABER DAS IST MEIN KOCHEN UNPLUGGED

CHRISTOPH BRAND

STIEBER TWINS

TONI-L

HEIDELBERG, HALLE 02

Einmal Landomini, 2-mal Stieber – ich weiß noch genau wie das alles begann, bevor es begann, 1992/1993 Fremd im eigenen Land, Wochenendticket, zu sechst im Passat, quer durch Deutschland, die ersten Jams und überall gegenwärtig waren Torch, Toni ... Advanced Chemistry. Meine Hip-Hop-Erziehung geht dann auch zu großem Teil auf deren Kappe, jede Freestyle-Folge auf Viva eingeatmet, jeden Flyer gesammelt, jedes Mag gelesen, bei MZEE auf neues Vinyl gelauert und dann kommt 1996 Fenster zum Hof von den Stiebers. Dieses eine Album, das sich bis heute in meinen Bauch gefressen hat, jede Zeile von den beiden eine neue Hook, jede Zeile ein Statement, jeder Beat zeitlos.

... „Ich steh' im Hof, guck hoch zum Fenster, geh zur Tür, klopf an und weiß, dass ich rein kann; vor der Tür spür' ich schon den Bass und ich weiß, dass das, was sich dahinter verbirgt, Hand und Fuß so wie Seele und Herz hat" ...

Skip: 2006 Bad Wildungen – gute 10 Jahre später waren Toni und die Stiebers dann die Ersten, die sich auf Kochen Unplugged live eingelassen haben. Toni war damals der Erste, der zu mir in die Küche kam, um mit mir einen Kochkurs zu kochen und danach auf dem Küchenpass aufzutreten, auf dem ein paar Monate später dann auch die Stieber Twins standen.

Skip: 2019 Heidelberg Halle02 – das Gefühl von Klassentreffen nur in geil macht sich breit; inklusive der Jungs von der Halle02 haben wir so viel gequatscht, alte Geschichten aufgemacht, uns hochleben lassen und so viel gelacht. Gekocht habe ich mit den zwei gelernten Köchen Martin und Toni einen Klassiker, „Egg Benedict", zum Hauptgang, dann Doppelt-nicht-stereo-Tomahawks von Rind und Schwein und zum Nachtisch als Hommage an eine alte MTV-Werbung Dampfnudeln.

Egal wann und wie, alle 3 eint eine so ehrliche Realness, dass sie für immer in meiner Hip Hop History auf der guten Seite stehen werden. Word!!!

... „Adam liebt Eva, doch Schlangen sind giftig" ...

„SO WEISS ICH AUCH, WENN ICH DURCH MEINE GEDANKENWELT TAUCH', DASS ICH WIE NAHRUNG MEIN BAUCH IM LEBEN FREUNDE BRAUCH'!"

Track	Album	Release
Dankbar	**Der Pate**	**1996**

EGG BENEDICT

SPINAT, HOLLANDAISE, TRÜFFEL

Zutaten für 4 Personen

ZUTATEN

FÜR DAS POCHIERTE EI
4 Eier
Weißer Balsamicoessig
Salz

FÜR DEN SPINAT
30 g Butter
500 g Blattspinat, geputzt
4 Schalotten, geschält und fein gewürfelt
1 Knoblauchzehe, geschält und fein geschnitten
Muskat, Salz und Pfeffer zum Abschmecken

FÜR DIE HOLLANDAISE
3 Eigelb
250 g Butter
½ Teelöffel Senf
1 Esslöffel Trüffelöl
1 Esslöffel Zitronensaft
2 Esslöffel Weißwein
1 Messerspitze Cayennepfeffer
Salz zum Abschmecken

AUSSERDEM
Trüffel nach Portemonnaie
Ein paar Garnelen, geschält und entdarmt
4 große Scheiben Weißbrot
Butter, um das Weißbrot knusprig zu rösten

ZUBEREITUNG

FÜR DAS POCHIERTE EI
1 Liter Wasser mit einem sehr guten Schuss Essig und Salz in einem Topf zum Kochen bringen, den Topf vom Herd nehmen, mithilfe eines Schneebesens einen Strudel erzeugen und dann ein Ei gezielt in die Mitte des Strudels laufen lassen.

Das Ei nach ca. 2 Minuten vorsichtig mit einer Schaumkelle rausnehmen und auf ein gebuttertes Blech geben. Das alles immer wieder wiederholen, bis alle 4 Eier nacheinander fertig sind.

FÜR DEN SPINAT
Schalotten und Knoblauch in der Butter farblos anschwitzen, den Spinat dazugeben, 1 Minute in der heißen Pfanne immer wieder schwenken und mit Salz, Pfeffer und frisch geriebenem Muskat abschmecken.

FÜR DIE HOLLANDAISE
Alle Zutaten außer der Butter in eine Schüssel geben und über dem Wasserbad in einer Metallschüssel cremig schlagen, aus dem Wasserbad nehmen und zeitgleich die Butter schmelzen.
Die geschmolzene Butter langsam und mit etwas Fingerspitzengefühl unter die Eimasse rühren, eventuell noch mit etwas Salz abschmecken.

Garnelen braten, Weißbrot rösten und dann mit dem Spinat, dem Ei und der Hollandaise alles zusammenbauen und kurz vor dem Servieren ordentlich Trüffel drüberreiben.

Stil-Rosé trocken, Weingut St. Margherita, Veneto, Italien
Extrem feiner, sehr aromatischer Rosé, zarte Himbeernote, dazu Limette, Melone und Grapefruit, rassig, seidig und trocken

DOPPELT, NICHT STEREO

TOMAHAWK MAL 2, STAMPF, CAESAR SALAD

Zutaten für 4 Personen

„Poderalta" Maremma Rosso, Tenuta Sassoregale, Toskana, Italien
Ausgeprägtes Bukett von schwarzen Johannisbeeren, Lakritz und floralen Noten, üppiges, komplexes Aroma, mediterrane Gewürze, kräftig im Abgang

ZUTATEN

FÜR DIE TOMAHAWKS

1 großes Tomahawk-Steak, 2 Schweinekoteletts (zum Shooting hatte ich Bentheimer von der Tierfairbrik)
Wenig Zucker, Pfeffer und Salz aus der Mühle
2 Knoblauchzehen, angedrückt
2 Zweige Rosmarin, 2 Zweige Thymian
Öl zum Braten, etwas Butter

FÜR DIE PARMESANBUTTER

200 g weiche Butter, 80 g Parmesan, fein gerieben
Abrieb von ½ Zitrone, 1 Esslöffel Olivenöl
6 Kapern, sehr fein gehackt
1 Sardellenfilet, sehr fein gehackt
1 Esslöffel Schnittlauch, sehr fein geschnitten
1 Teelöffel Honig, ½ Teelöffel Salz

FÜR DEN CAESAR SALAD

150 ml Mayonnaise, 150 ml Sahnejoghurt
Saft von ½ Zitrone
1 Teelöffel brauner Zucker, 80 g Parmesan
½ Knoblauchzehe, geschält und fein zerdrückt
1 Bund Schnittlauch, sehr fein geschnitten
Salz und Pfeffer aus der Mühle zum Abschmecken

AUSSERDEM

4 Stück Mini-Romasalat, geputzt und längs halbiert
Etwas Olivenöl zum Anbraten, Salz
2 Esslöffel Parmesan, sehr fein gerieben

ZUBEREITUNG

FÜR DIE TOMAHAWKS

Tomahawk leicht zuckern und salzen und auf dem Rost bei 90 Grad Ober- und Unterhitze für 60 Minuten in den Ofen schieben. Die Schweinekoteletts ebenfalls leicht zuckern und salzen und nach 30 Minuten dazuschieben. Kurz vor dem Servieren die Steaks in der heißen Pfanne mit etwas Öl, dem Knoblauch, dem Thymian und dem Rosmarin von beiden Seiten scharf anbraten.

Die Steaks noch mal nachsalzen und gut pfeffern, die Butter kurz vor knapp dazugeben und einmal aufschäumen lassen.

FÜR DIE PARMESANBUTTER

Alle Zutaten sehr gut miteinander verrühren/kneten und kurz vor dem Servieren auf die Tomahawks/Koteletts geben.

FÜR DEN CAESAR SALAD

Alle Zutaten sehr gut miteinander verrühren und mit Pfeffer und Salz abschmecken.

Den Romasalat kurz vor dem Servieren in etwas Olivenöl anbraten und leicht salzen und zusammen mit dem Dressing und dem geriebenen Parmesan zu den Steaks anrichten.

FETT

DAMPFNUDEL, ZWETSCHGE, VANILLE

Zutaten für 4 Personen

ZUTATEN

FÜR DIE DAMPFNUDELN

200 ml lauwarme Milch
500 g Mehl
1 Würfel Hefe
50 g Zucker, 50 g weiche Butter
1 Ei, 1 Eigelb
1 Messerspitze Salz

FÜR DIE ZWETSCHGEN

200 g Zwetschgen, halbiert und ohne Kern
200 ml Rotwein
60 g brauner Zucker
½ Vanilleschote, 1 Zimtstange
4 cl Zwetschgenbrand
Saft und Abrieb von ½ Orange
Etwas Speisestärke

FÜR DIE KANDIERTEN ORANGENSCHALEN

3 Bioorangen
450 g Einmachzucker
180 ml Wasser
½ Vanilleschote

AUSSERDEM

2 Esslöffel Mohn
2 Esslöffel Puderzucker
1 Esslöffel Butter

ZUBEREITUNG

FÜR DIE DAMPFNUDELN

Alle Zutaten zu einem Teig verkneten und zugedeckt an einem warmen Ort 1 Stunde gehen lassen. Den Teig auf einer bemehlten Fläche gut durchkneten, 8 schönen Kugeln formen und dann nochmals 15 Minuten gehen lassen. In einer großen beschichteten Pfanne etwas Öl erhitzen und die Dampfnudeln reinsetzen und mit 200 ml Wasser aufgießen. Den Deckel auflegen und unter Beobachtung 15 Minuten dämpfen lassen. Dampfnudeln sind perfekt, wenn das Wasser verdampft ist, die Nudeln leicht zu rösten beginnen und sie schön aufgegangen sind.

FÜR DIE ZWETSCHGEN

Braunen Zucker karamellisieren und mit dem Rotwein ablöschen, die Vanilleschote und die Zimtstange dazugeben und so lange köcheln lassen, bis sich der Zucker gelöst hat. Die Zwetschgen, den Orangesaft und den Abrieb mit dem Brand dazugeben und für eine Minute weiterköcheln lassen und mit etwas in Wasser gelöster Speisestärke andicken.

FÜR DIE KANDIERTEN ORANGEN

Die Orangen heiß waschen, trocken reiben und mit einem Sparschäler möglichst lange Zesten abziehen. Die Zesten in kochendem Wasser zweimal blanchieren. In einem Topf Zucker, Vanilleschote und Wasser kochen, bis ein Sirup entsteht. Die Orangenzesten in den Sirup einlegen und einmal aufkochen und dann für 1 Stunde ziehen lassen. Die Orangenzesten und Sirup in ein sterilisiertes Einmachglas füllen und für mindestens 12 Stunden ziehen lassen.

AUSSERDEM

Den Mohn und den Puderzucker mit der Butter kurz schmelzen, über die Dampfnudeln geben und mit den Zwetschgen und den Orangenzesten servieren.

Prunella Mandorlata (Pflaumenlikör), Destillerie Nonino, Italien
Ein verführerischer, bernsteinfarbener, leichter, feiner Likör, nach altem Originalrezept mit Pflaumenbranntwein veredelt

CURSE

BERLIN, KOCHBOX

... „14 Takte Killer, Akte X mit Faktenfüller, Ladyenthüller, keine Effekte, Chorusmitbrüller"...

Das sind die ersten Zeilen, die ich von Curse gehört habe, und die haben mich damals so geflasht. Seine Stimme, die Sprache, und das in Deutsch, war einfach das nächste Level. Niemand außer Samy hat mich so konstant in den letzten 20 Jahren immer wieder musikalisch und emotional abgeholt wie er, mit keinem Künstler verbinde ich so viele Lebensereignisse und Dinge wie mit Songs von ihm, immer zu ihrer Zeit, aber immer auf den Punkt in dieser Zeit, genauso geht es mir übrigens mit Essen und den damit verbundenen Geschmäckern und Gerüchen. Jeder weiß doch, was ich meine, wenn ich sage: „Das schmeckt wie bei meiner Oma", und hat dann sofort den Geschmack im Mund, den Duft in der Nase und verbindet damit ein Gefühl.

Spul zurück - als wir uns damals durch Martin Stieber kennengelernt haben, stand unsere Freundschaft nach 1 Stunde schon auf dem Spiel, als wir seine grünen Teetassen in die Spülmaschine räumen wollten. Heute, 11, 12, 13 Jahre später, gab es nur wenige, die mir immer so uneingeschränktes Vertrauen in meine Ideen gegeben haben. Ob mit mir live kochen und im Restaurant auftreten, ob das Verkochen von seinem Freiheit-Album in einem Buch oder lass mal aus den 10 Rapgesetzen die 10 Kochgesetze machen und ein Video drehen. Immer war er am Start und schon immer war er sehr, sehr ehrlich und realistisch zu mir.

... „Alles, was ich brauch, ist 'n bisschen Vertrauen und 'n kleines bisschen Glauben an meinen Traum" ...

Skip: Berlin, Sommer 2019 - bei den 3 Gerichten, die wir am heißesten Tag des Jahres in Berlin gekocht haben, habe ich kleine kulinarische Erinnerungen von Curse mit einfließen lassen und ein bisschen für mich übersetzt. Urlaubsaromen aus seinen Sommerferien in Frankreich mit Zucchini, Rosmarin, frischem Knoblauch und Zitrone, Nussbutter aus unserem gemeinsamen NOMA-Besuch mit 3 Versionen von Blumenkohl und Nachtisch wenig süß mit Mango und Tomate, aber genau richtig für diesen heißen Tag in Berlin.

Um den Begriff Soulfood zu erklären, ist es völlig unwichtig, was man kocht; wenn Ort, Zeit, Gäste und das Gesamtgefühl passen, könnte es auch ein Butterbrot sein, das deine Seele glücklich macht.

... „Rap ist Soulmusik, sie ist da für die, die sie lieben und sie ehren, vergiss das nie" ...

„MAN SAGT, DIE AUGEN SIND DIE SCHLÜSSEL ZUR SEELE, UND DIE ERNÄHRUNG SEI DIE BRÜCKE ZWISCHEN GEIST UND MATERIE“

Track	Album	Release
Grüner Tee	**Einblick zurück!**	**2006**

AEG

GELBURGUE
AEG

EPAL
EPAL

KOCHBOX
AEG

WWW.KOCHBOX.COM
KOCH
Rebellion

URLAUBSAROMEN

TOMATE, ZUCCHINI, KNOBLAUCH

Zutaten für 4 Personen

Goldmuskateller, Weingut Blum
„... vielleicht regnet es Gold", blumige Fülle vereint mit dem Wohlgeruch
von Pfirsich, Apfel und Co., ein Maul voll Auszeit, hallo Urlaubsaromen

ZUTATEN

FÜR DIE ZUCCHINI

4 Kugelzucchini (sind so groß wie ein Tennisball)
1 Knolle Knoblauch, halbiert
2 Zweige Rosmarin
8 Esslöffel Olivenöl
Meersalzflocken
½ Teelöffel brauner Zucker
1 Chilischote, fein geschnitten

FÜR DIE TOMATEN

4 Handvoll kleine Rispentomaten, gerne in Gelb und Rot
3 Esslöffel weißer Balsamico
1 Teelöffel grober Senf
5 Esslöffel Olivenöl
½ Teelöffel Honig
Salz und Pfeffer aus der Mühle

FÜR DIE ROTEN ZWIEBELN

4 rote Zwiebeln, geschält und in Achtel geschnitten
100 g brauner Zucker
200 ml heller Balsamico
1 Lorbeerblatt

AUSSERDEM

2 Handvoll Rucola und Rosmarinzweige
für die Optik

ZUBEREITUNG

FÜR DIE ZUCCHINI

Die Zucchini waschen und oben wie unten so knapp wie möglich gerade schneiden und quer halbieren. Die Knoblauchknolle quer halbieren und sowohl den Knoblauch als auch die Zucchini mit der Schnittfläche nach oben mit dem Öl beträufeln, salzen, zuckern, gezupften Rosmarin und Chili drübergeben und dann auf einem Blech im Ofen bei 180 Grad Ober- und Unterhitze für 15 Minuten schieben.

FÜR DIE TOMATEN

Den Essig erst mit dem Senf und dem Honig und dann gut mit dem Öl verrühren. Die Tomaten vorsichtig mit dem Dressing vermischen und mit Pfeffer und Salz abschmecken.

FÜR DIE ROTEN ZWIEBELN

Alle Zutaten in einen Topf geben, einmal aufkochen lassen und vom Herd nehmen und in der Flüssigkeit auskühlen lassen. Im Idealfall habt ihr einen Vakuumierer und vakuumiert sie am besten für 24 Stunden. Die Zwiebeln sind so mindestens 2 Wochen haltbar bzw. kann man den Essigfond perfekt für Dressings noch weiterverwenden.

Die Zucchini auf die Teller legen, die weichen Knoblauchzehen aus den Knollen drücken und zu dem Tomatensalat mischen. Den Tomatensalat über die noch warmen Zucchini geben und mit den roten Zwiebeln, Rucola und Rosmarin dekorieren.

NUSSBUTTER-SAIBLING

BLUMENKOHL, BLUMENKOHL, BLUMENKOHL

Zutaten für 4 Personen

Riesling, Weingut Blum
zu Blumenkohl^3 gibt´s Riesling^3 klassisch, unkomplizierter Riesling mit saftigem Säurespiel und feiner Zitrusaromatik

ZUTATEN

FÜR DEN NUSSBUTTER-SAIBLING

4-mal 100 g Saiblingsfilet ohne Gräten und Haut

250 g Nussbutter

Meersalzflocken

FÜR DAS BLUMENKOHLPÜ

Blumenkohlröschen vom ½ Blumenkohl

200 ml Sahne

30 g Butter

Salz und etwas Muskatnuss zum Abschmecken

FÜR DEN GEPICKELTEN BLUMENKOHL

1 Strunk vom Blumenkohl, fein gehobelt

50 g brauner Zucker

100 ml heller Balsamico

FÜR DEN GEBRATENEN BLUMENKOHL

Blumenkohlröschen vom ½ Blumenkohl

Etwas Sonnenblumenöl zum Braten

Meersalzflocken

AUSSERDEM

Weißbrot-Croûtons

Gezupfter Dill für die Optik

Gebratene Süßkartoffelecken

ZUBEREITUNG

FÜR DEN NUSSBUTTER-SAIBLING

Die Butter in einem Topf so lange köcheln lassen, bis sich die Molke absetzt und anfängt, braun zu werden. Das ist zum einen der Moment, wo man ein bisschen aufpassen muss, dass die Butter nicht zu dunkel wird, und zum anderen der Moment, wo der Nussbuttergeschmack entsteht. Die Saiblingsfilets in eine Auflaufform legen und mit der lauwarmen Nussbutter übergießen, später dann bei 80 Grad für 10 Minuten in den vorgeheizten Backofen bei Ober- und Unterhitze schieben. Kurz vor dem Servieren aus der Nussbutter nehmen und mit Meersalzflocken würzen.

FÜR DAS BLUMENKOHLPÜ

Die Sahne und den Blumenkohl in einen Topf geben und bei kleiner Hitze köcheln lassen, bis der Blumenkohl weich ist, die kalte Butter dazugeben und alles fein mixen und mit Muskat und Salz abschmecken.

FÜR DEN GEPICKELTEN BLUMENKOHL

Alle Zutaten in einen Topf geben, einmal aufkochen lassen und mindestens 1 Stunde in der Flüssigkeit auskühlen lassen. Im Idealfall habt ihr einen Vakuumierer und vakuumiert sie am besten für 24 Stunden. Der Blumenkohl ist so mindestens 2 Wochen haltbar bzw. man kann den Essigfond perfekt für Dressings noch weiterverwenden.

FÜR DEN GEBRATENEN BLUMENKOHL

Blumenkohl richtig scharf mit ein bisschen Öl in der Pfanne braten, darf ruhig ein bisschen dunkel werden, und dann mit Salz abschmecken. Alles zusammen anrichten und mit Croûtons und Dill dekorieren. Wir haben an dem Abend noch gebratene Süßkartoffeln dazugegeben. Alles kann, nichts muss!

MANGOMATE

TOMATE, MANGO, BASILIKUM

Zutaten für 4 Personen

ZUTATEN

FÜR DAS MANGOMATE-SORBET

800 g reife Tomaten
1 Mango
100 ml Tomatensaft
80 g weißer Zucker
80 ml Wasser
4 Esslöffel Olivenöl
1 Messerspitze Cayennepfeffer
Salz

FÜR DAS BASILIKUMÖL

80 ml gutes Olivenöl
1 Bund Basilikum

AUSSERDEM

Tomaten und Feigen in Scheiben
Gezupfter Basilikum und Fenchelgrün für die Optik

Rosé, Weingut Blum
Farbe satt, Aroma satt, eine Nase voll lieblicher Beeren ...
erinnert an Sommer, Süden, Sonne und Mee(h)r

ZUBEREITUNG

FÜR DAS MANGOMATE-SORBET

Die Tomaten über Kreuz auf der Haut einschneiden und den Strunk entfernen, für 10 Sekunden in kochendes Wasser legen, rausnehmen und in Eiswasser abkühlen. So lassen sie sich jetzt perfekt pellen und von den Kernen befreien. Die Tomatenfilets für mindestens 5 Stunden einfrieren. Die Mango schälen, das Fruchtfleisch vom Kern runterschneiden, grob würfeln und ebenfalls für mindestens 5 Stunden einfrieren. Das Wasser mit dem Zucker einmal aufkochen lassen und dann mit dem Tomatensaft, dem Olivenöl, dem Cayennepfeffer und einer Prise Salz gut verrühren und für mindestens 1 Stunde kalt stellen. Kurz vor dem Servieren im Küchenmixer die gefrorenen Tomaten- und Mangostücke mit der Flüssigkeit zu einem Blitzeis mixen und dann auch direkt anrichten.

FÜR DAS BASILIKUMÖL

Basilikum und das Öl am besten im Mixer 30 Sekunden laufen lassen, 1 Stunde stehen lassen und dann durch euer feinstmögliches Sieb geben und in eine kleine Flasche füllen.

AUSSERDEM

Das Eis auf den Tomaten- und Feigenscheiben anrichten, mit dem Basilikumöl beträufeln und mit Basilikumblättern und dem Fenchelgrün dekorieren.

GLASPERLENSPIEL

MOUSSE T.

HANNOVER, FUNKY KITCHEN

Leogang, Priesteregg 2020 – gerade eben sitzen wir da am Pool und sprechen über Gott und die Welt und mir fällt auf, wie einmalig Caro und Daniel ihren Job meistern und wie geil das ist, immer die größtmögliche Vertrauensperson an seiner Seite zu haben und dabei den Traum zum Beruf gemacht zu haben bzw. wie konsequent sie dabei auch ihren Beruf immer wieder zum Traum machen. Es ist immer wieder schön, mit beiden Zeit zu verbringen. Es funktioniert einfach immer unkompliziert.

Mousse T. habe ich dann auch so durch Caro und Daniel auf einer Veranstaltung kennengelernt. Die beiden haben mich sofort mit ihm so connectet, dass es mir ganz leichtgefallen ist, ihn von Kochen Unplugged zu überzeugen. Mousse T. hat eine meiner All-Times-Classic-Autohymnen geschrieben und er hat mich schon durch so viele Nächte und Kilometer gefahren, dass er allein dafür schon in Teil 1 oder 2 hätte sein müssen.

... „Your love is like my favorite pop music coming out the radio sound and if I tried I couldn't refuse it it lifts me when I'm feeling down" ...

Skip: Hannover, Funky Kitchen – dank Jens Peter Fiene durften wir zum Shooting direkt in seiner Funky Kitchen und auf der Terrasse bei Bilderbuchwetter für Unruhe sorgen. Mousse T. musste aus seinem Studio hochkommen, ich bin schnell aus Stuttgart rübergeflogen und Caro und Daniel extra aus Berlin angereist, um im Peppermint Pavillon zusammen zu kochen. Der Mittelpunkt des Shootings war dann mein Beefer, in dem wir zu jedem Gang eine Komponente zubereitet haben. Unter dem Decknamen Nudelsalat haben wir Udonnudeln mit Yuzu und Koriander zu einem Salat verarbeitet und mit ganz kurz gebeeften Carabinieros die Krone aufgesetzt. Im zweiten Gang haben wir verschiedene Cuts Rindfleisch gebeeft und mit Rucola und Miso-Hollandaise sehr sommerlich dastehen lassen und zum Finale dann noch gratinierte Pfirsiche mit Basilikum und Zitrone frostig gefinisht. Warum wir das gemacht haben?

... „Weil es echt ist" ...

„DOCH ICH FIND', ALLES STIMMT
GANZ GENAU SO, WIE WIR SIND"

Track	Album	Release
Royals & Kings	**Royals & Kings**	**2018**

PEPPERMINT P
PEPPERMINT PA

PEPP

Brauner Zucker

I ♥ FK

NUDELSALAT

UDON, YUZU, CARABINIERO

Zutaten für 4 Personen

Tina Pfaffmann 2019 HERZGLÜCK Riesling
Ein eleganter, unglaublich schmeichelnder Riesling, der durch seine leichte Restsüße alles miteinander vereint. Die Jugendlichkeit ist deutlich schmeckbar, aber auch sein Potenzial.

ZUTATEN

FÜR DEN NUDELSALAT

400 g Udonnudeln gegart
80 ml Sojasauce
100 ml Yuzusirup
4 Esslöffel Sweet Chili Sauce
1 Esslöffel Sushi-Ingwer, ganz fein geschnitten
4 Esslöffel Mirin
½ Bund Koriandergrün samt Stängel, ganz fein geschnitten
1 paar Minzblätter, ganz fein geschnitten
1 Chilischote, ganz fein geschnitten
1 rote Paprikaschote, geputzt und in feine Streifen geschnitten
20 Stück Zuckerschoten, in feine Streifen geschnitten

FÜR DIE CARABINIEROS

8 Stück Carabinieros, halbiert und geputzt
Gutes Olivenöl
Meersalzflocken zum Würzen

AUSSERDEM

Koriandergrün für die Optik

ZUBEREITUNG

FÜR DEN NUDELSALAT

Alle Zutaten außer den Udonnudeln gut miteinander vermischen und parallel die Udonnudeln nach Packungshinweis kochen, kurz vor dem Servieren dann alles mit den lauwarmen Udonnudeln vermischen. Eventuell mit Pfeffer und Salz nachschmecken.

FÜR DIE CARABINIEROS

Die Carabinieros halbiert mit der Fleischseite nach oben für 10-15 Sekunden im Beefer garen, mit etwas Olivenöl beträufeln und mit ein paar Salzflocken würzen.

Die Carabinieros dann auf dem Nudelsalat anrichten und mit Korianderblättchen dekorieren.

BEEFER

BEEF MAL 3, MISO, RUCOLA

Zutaten für 4 Personen

Tina Pfaffmann 2018 Grauer Burgunder EXKLUSIV trocken
Ein ganz großer! Viel Schmelz, unglaublich viel Wein im Mund und ein großes Potenzial das ganz klar schmeckbar ist.

ZUTATEN

FÜR DAS BEEF MAL 3 AUS DEM BEEFER

Wir haben an dem Tag bei Otto Gourmet mein Lieblingsfleisch bestellt.

Morgan Ranch US Strip Loin dry aged

Hereford Flat Iron

Deutsches Angus Beef Strip Loin

Salzflocken, schwarzer Pfeffer aus der Mühle, Prise Zucker

FÜR DIE MISO-HOLLANDAISE

4 Eigelb

300 g Butter, geklärt

1 Esslöffel Schwarzwaldmiso-Reismiso

3 Esslöffel Sweet Chili Sauce

2 Esslöffel Zitronensaft

2 Esslöffel Weißwein

½ frische Chilischote, sehr, sehr fein geschnitten

Eventuell Salz zum Abschmecken

AUSSERDEM

Gezupfter Rucola für die Optik

ZUBEREITUNG

FÜR DAS BEEF MAL 3 AUS DEM BEEFER

Die Steaks auf ca. 3-4 cm Dicke schneiden, das Flat Iron von Sehnen befreien und genauso wie das US dry aged und das deutsche Angus salzen und ganz leicht zuckern.

Ich packe das Fleisch immer in der obersten Schiene für 20-30 Sekunden von jeder Seite in den Beefer und lasse es danach dann unten im Beefer noch für 2-3 Minuten ruhen.

FÜR DIE MISO-HOLLANDAISE

Alle Zutaten außer der Butter in eine Schüssel geben und über dem Wasserbad in einer Metallschüssel cremig schlagen, aus dem Wasserbad nehmen und zeitgleich die Butter schmelzen. Die geschmolzene Butter langsam und mit etwas Fingerspitzengefühl unter die Eimasse rühren, eventuell noch mit etwas Salz abschmecken.

AUSSERDEM

Das Fleisch nach dem Beefen kurz ruhen lassen, in schöne Scheiben schneiden, salzen, pfeffern und zusammen mit der Hollandaise und dem Rucola anrichten.

PFIRSICH

INGWER, ZITRONE, BASILIKUM

Zutaten für 4 Personen

2018 Rieslaner EXKLUSIV süß
Diese elegante Traube verlangt wahnsinnig viel, dafür gibt sie aber auch viel. So viel Eleganz, Finesse und pure Qualität gibt es selten.

ZUTATEN

FÜR DIE PFIRSICHE

4 Pfirsiche, halbiert ohne Stein

brauner Zucker

2 Eiweiß

1 Teelöffel Zucker

FÜR DAS INGWER-ZITRONEN-SORBET

Abrieb von 2 Zitronen

Saft von 8 Zitronen

250 ml Wasser

1 Esslöffel Sushi-Ingwer, fein gemixt

150 g weißer Zucker

1 ½ Esslöffel Glukosesirup

4 Esslöffel Lemon-Squash-Zitronensirup

AUSSERDEM

Basilikumblätter für die Optik

ZUBEREITUNG

FÜR DIE PFIRSICHE

Eiweiß mit dem Zucker aufschlagen. Die halbierten Pfirsiche in braunen Zucker drücken, mit dem süßen Eischnee füllen und in der mittleren Beeferschiene die halben Pfirsiche so lange gratinieren, bis sie ein bisschen mehr als goldbraun aussehen.

FÜR DAS INGWER-ZITRONEN-SORBET

Alle Zutaten in einen Topf geben, gut durchmixen, einmal aufkochen lassen und dann 15 Minuten ziehen lassen. Die Masse in eine Eismaschine packen und so lange unter Rühren frieren lassen, bis eine cremige Masse entsteht, dann am besten portionieren und in den Froster packen, damit sie schön stabil bleiben bis zum Servieren.

AUSSERDEM

Das Eis zwischen den gratinierten Pfirsichen anrichten und mit gezupftem Basilikum dekorieren.

MOSES PELHAM

VEGA

MAINZ, BEI FRANK BUCHHOLZ

Moses hat drei der bedeutendsten Alben für mich auf dem Kerbholz, (Nicht von dieser Welt, Geteiltes Leid 1, Direkt aus Rödelheim), Moses ist in allen drei Unplugged-Büchern vertreten, Moses hat Vega mit ins Buch geschupst und Moses hat mit Vega und Frank Buchholz zusammen das Wort Day drinking auf ein neues Level gehoben. Fragen?

... und apropos Vega: Persönlich kennengelernt haben wir uns durch Moses an dem Tag des Shootings, feiern tue ich ihn seit VINCENT - So weit weg! Ich liebe von ihm diese brachialen, orchestralen Bretter im Einzelkämpfer-Modus. Er hat für mich so eine Braveheart-Attitüde, so wie dieser eine Typ aus Actionfilmen, der man für den Moment dann auch sein will.

... „Es sind manchmal nur zwei Sekunden, eine, die dich entscheiden lässt, gehst du hin, wo das Cash ist, oder bleibst du echt?" ...

Dass beide Veganer sind und mir das so erklären konnten, dass ich seit diesem Tag darüber nachdenke, wie ich es für mich perfekt übersetzen kann, macht dieses Shooting zu einem sehr besonderen Moment 2019 für mich. Ich bin noch ein bisschen entfernt von vegan, aber das Bewusstsein, es hinzubekommen, haben die beiden bei mir extrem erweitert und geschärft.

Gekocht haben wir natürlich dann auch vegan, Frank Buchholz hatte mir kurzfristig seine Kochschule in Mainz zur Verfügung gestellt und parallel die Getränkebegleitung ausgesucht. Gekocht haben wir zur Vorspeise Ohne-Hühner-Frikassee, eins meiner Lieblingsgerichte halt ohne Huhn, dafür mit Morcheln, Spargel, Champignons und Erbsen mit viel Zitrone und Worcestersauce, die für mich das A und O für diesen typischen Frikasseegeschmack ist. Beyond Meat ist zur Shootingzeit gerade rausgekommen und hatte diesen Riesenhype. Moses hat mich drauf geschubst, deshalb haben wir zum Hauptgang Burger gebaut, eben mit Beyond Meat, pinken Burger Buns und allem, was man so auf einen Burger packt, plus Vegas Chilisauce. Das Menü rund gemacht hat dann Kokos-Pannacotta mit Mango und so. Beziehungsweise hat eigentlich die Champagnerversorgung von Frank das Menü rund gemacht!

Der ganze Tag hat gezeigt, was für eine Kraft so ein Unplugged-Tag haben kann, wenn sich viele kreative Menschen treffen, quatschen, kochen, trinken und sich schätzen lernen.

... „alles Tänzer wie der Neue von Helene" ...

„NUR EIN BILD, EINE ZEILE, NUR EIN KLEINES LÄCHELN, WEISST DU NOCH, UND ICH HAB AUFGEHÖRT, FLEISCH ZU ESSEN“

Track	Album	Release
2 Sekunden Pt. 2	**Alte Liebe rostet nicht**	**2016**

GRAEF

OHNE-HÜHNER-FRIKASSEE

SPARGEL, MORCHEL, ERBSE

Zutaten für 4 Personen

ZUTATEN

400 ml richtig gute Gemüsebrühe
100 ml Weißwein
200 ml Sojasahne
½ Zitrone
4–5 Esslöffel Worcestersauce
1 kleine weiße Zwiebel, geschält und fein gewürfelt
20 g Rapsöl für die Sauce
25 g Mehl
100 g Morcheln, getrocknet, 10 Minuten in Wasser eingelegt
250 g Champignons, in Scheiben geschnitten
150 g Zuckerschoten, in Streifen geschnitten
300 g weißer Spargel, geschält und in Stücke geschnitten
200 g Erbsen, tiefgekühlt
Salz und Pfeffer zum Abschmecken
Rapsöl zum Anbraten

ZUBEREITUNG

Zwiebelwürfel im Rapsöl anschwitzen, mit dem Mehl bestäuben, gut verrühren und mit dem Weißwein ablöschen, 1 Minute köcheln lassen, die Brühe dazugeben und bei kleiner Stufe weiterköcheln lassen.

In einer Pfanne zuerst den Spargel mit wenig Öl anbraten, salzen und leicht zuckern und dann die Champignons, die Morcheln und die Zuckerschoten dazugeben, zum Schluss dann die Erbsen dazugeben und alles zusammen mit Salz und Pfeffer abschmecken.

In die Weißweinsauce jetzt die Sahne, die Worcestersauce und den Zitronensaft geben und kurz vor dem Servieren das Gemüse in die Sauce geben.

Eventuell noch mal mit Salz und Pfeffer nachschmecken.

Wir haben an dem Tag ganz traditionell Reis dazu gegessen.

Champagne Bruno Paillard Première Cuvée Extra Brut, Reims, Frankreich
Hochfeine, aromatische Frische, dominiert von roten Beeren und Zitrusfrüchten, lebendig, mineralisch, finessenreich und elegant

BURGER

BEYOND MEAT, ROSA BUN, CHILI

Zutaten für 4 Personen

No. 209 Barrel Reserve Chardonnay Gin 46 %, San Francisco, USA
Grasige Noten und ein Hauch Butter-Toffee, fruchtige Noten und subtile Süße, klarer, frischer Geschmack, klassische Aromen von Wacholder, Kardamom, Orange und Eukalyptus

ZUTATEN

FÜR DAS ROSA BUN

300 ml Rote-Bete-Saft
50 ml Sojasahne, 1 Teelöffel Salz
1 Würfel frische Hefe (Nein, Trockenhefe geht nicht!)
1 Teelöffel Zucker, 500 g Mehl
Etwas Mehl zum Kneten und Formen

FÜR DIE CHILIMAYO

100 ml Sojamilch, 100 ml Rapsöl
1 Teelöffel Senf
1 Teelöffel Agavendicksaft
1 Messerspitze Cayennepfeffer
1 Esslöffel weißer Balsamico
1 kleine Chilischote
½ Knoblauchzehe, geschält und sehr fein geschnitten
1 Esslöffel Sweet Chili Sauce
2 Essiggurken, fein gewürfelt
1 rote Zwiebel, geschält und fein gewürfelt
¼ rote Paprika, geputzt, entkernt und fein gewürfelt
Salz und Pfeffer aus der Mühle

AUSSERDEM

4 Stück Beyond-Meat-Patties
4 Scheiben veganer Käse (Wilmersburger würzig)
4 Scheiben veganer Bacon
1 paar Blätter grüner Salat
Salz und schwarzer Pfeffer aus der Mühle

ZUBEREITUNG

FÜR DAS ROSA BUN

Hefe in lauwarmem Rote-Bete-Saft mit dem Zucker anrühren und für 10 Min. ruhen lassen. Mehl in eine Schüssel geben, die Rote-Bete-Hefe, Sojasahne, Salz hinzugeben und mit einem Rührgerät für 1 Min. rühren bzw. kneten. Den Teig für 40 Min. an einem warmen Ort ziehen lassen und dann mithilfe von 1-2 Händen Mehl den Teig zu Burgerbrötchen formen und auf ein Backblech legen. Bei 180 Grad Ober- und Unterhitze ca. 15 Min. im Ofen backen.

FÜR DIE CHILI SAUCE

Sojamilch, Senf, Cayennepfeffer, Chili, Knoblauch, Balsamico und Agavendicksaft in einen hohen Behälter geben und mithilfe eines Stabmixers nach und nach das Rapsöl untermixen. Die Sweet Chili Sauce, die Gurkenwürfel, die Zwiebelwürfel und die Paprikawürfel dazugeben und mit Pfeffer und Salz abschmecken.

AUSSERDEM

Die Beyond-Meat-Patties in der Pfanne kross braten, dürfen im Kern ruhig noch nicht ganz durch sein, und den Käse nach dem letzten Mal wenden in der Pfanne auf die Patties legen. Parallel den Bacon kross braten und dann auf den Bete-Buns mit dem Salat und der Chilisauce Burger bauen.

PANNA-COTTA

KOKOS, MANGO, IRGENDWAS

Zutaten für 4 Personen

Pannacotta-Likör 17 %, Brennerei Birgitta Rust, Bremen
Feiner Sahnelikör mit verführerischer Feinheit und Süße

ZUTATEN

FÜR DIE PANNACOTTA

500 ml Kokosmilch

2 Esslöffel Kokosnusspüree oder eingeweichte Kokosraspeln

1 Vanilleschote

2 g Agar-Agar

2 Esslöffel Agavendicksaft

3 Esslöffel Lemon-Squash-Zitronensirup

AUSSERDEM

Yuzu-Sirup

Beeren

Streifen von 1 geschälten Mango

Pfirsichecken und gehackte Pistazien

ZUBEREITUNG

Vanilleschote längs halbieren und mit allen anderen Zutaten in einen Topf geben und unter ständigem Rühren 3 Minuten leicht köcheln lassen.

Die Vanilleschote rausnehmen und die Kokos-Pannacotta-Masse auf 4 Gläser verteilen. Mindestens 1 ½ Stunde kalt stellen und dann zusammen mit der Mango, dem Pfirsich, dem Sirup und den Pistazien anrichten!

TIM BENDZKO

ELMAU, SCHLOSS ELMAU

So klar, wie ich seine Stimme finde, so klar, wie sich jeder einzelne Song von ihm für mich anhört, so klar ist es auch immer, wenn ich Kontakt mit Tim habe, ob am Telefon, per WhatsApp oder persönlich, es gibt immer eine klare Ansage, Aussage und es passt einfach immer.

Wie schnell wir uns einig waren, was wir kochen, wie schnell Ort und Zeit besprochen waren, das Einzige, was nicht klar war, war dann tatsächlich das Wetter. Bestimmt an einem der schönsten Orte mitten in den Bergen im Schloss Elmau hat es den ganzen Tag in Strömen geregnet.

... „Jedes Pic ist ein Beweis dafür, dass ich grade hier bin, ihr leider nicht. Keine Postkarte nötig, du kannst mir folgen, bis da nix mehr bleibt" ...

Jetzt gerade habe ich von Tim gelesen, dass Musik die unglaubliche Eigenschaft hat, Menschen zu verbinden und zu bewegen. Ich glaube das Einzige, was auf der Welt genauso bewegen und verbinden kann, ist kochen und essen. Woraus ich für mich folgere, dass nur die Welt retten dann wohl tatsächlich Kochen, Ernährung und eben Musik kann!

... „Einfach so weitermachen ist keine Option" ...

Skip: Schloss Elmau – im traumhaften Schloss durften wir dann dank Mario Corti die Küche nutzen und haben uns des Themas Hummus mit gepickelten Gemüsen und Sockeye-Lachs mit Guacamole angenommen. Den krönenden Abschluss hat uns dann Veronique Witzigmann abgenommen und einen erst sehr salzigen und dann den perfekten Kaiserschmarrn mit Apfelkompott und allem Pipapo serviert.

„ES WÄR' OKAY, WENN'S NUR FÜR JETZT WÄRE"

Track	Album	Release
Für immer	**Filter**	**2019**

Sesampaste
Tahin
Sesame paste

MKN

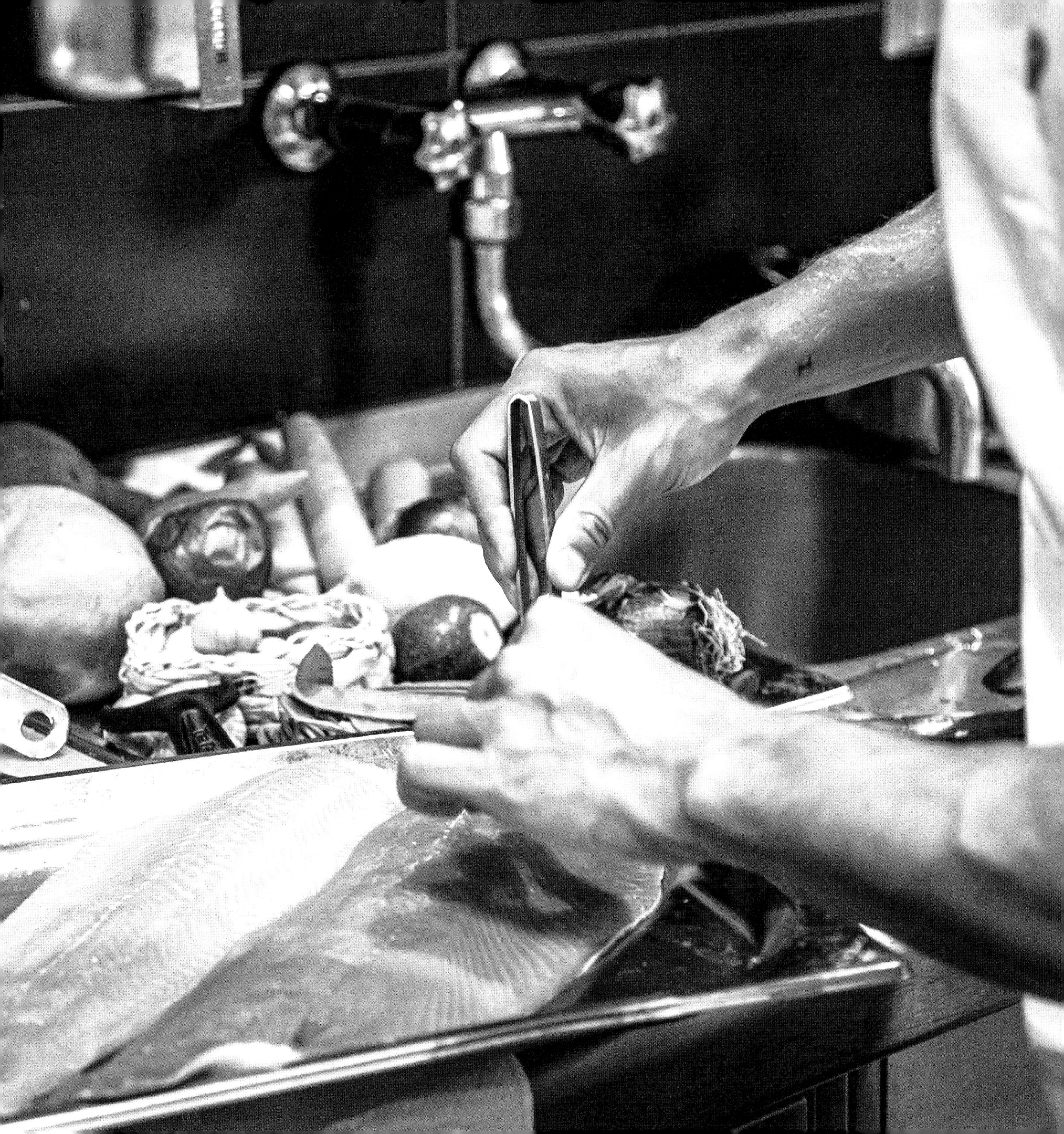

HUMMUS

KICHERERBSEN, GEMÜSE QUERFELDEIN, CASHEWKERNE

Zutaten für 4 Personen

ZUTATEN

FÜR DEN HUMMUS

250 g Kichererbsen, gekocht
1 Teelöffel Sesam, geröstet
1 ½ Esslöffel Sesampaste
¼ Knoblauchzehe, geschält
½ Teelöffel Honig, 4 Eiswürfel
1 Messerspitze Cayennepfeffer, Saft von 1 Zitrone
3-4 Stängel Blattpetersilie samt Stängel
4 Esslöffel gutes Olivenöl
Salz und Pfeffer aus der Mühle zum Abschmecken

FÜR DIE CASHEWKERNE

4 Esslöffel Cashewkerne
1 Esslöffel brauner Zucker

FÜR DAS GEMÜSE

100 g Minimöhren mit Grün, geschält
200 g Zucchini, in Ecken oder 1 cm dicke Scheiben geschnitten
3 Stück rote Zwiebeln, geschält und in Ringe geschnitten
1 rote Paprika, geputzt und in Spalten geschnitten
1 gelbe Paprika, geputzt und in Spalten geschnitten
350 ml heller Balsamicoessig
200 g brauner Zucker

AUSSERDEM

ein paar halb getrocknete Tomaten
Koriandergrün für die Optik

ZUBEREITUNG

FÜR DEN HUMMUS

Alle Zutaten außer den Kichererbsen ca. 30 Sekunden fein mixen, dann die Kichererbsen dazugeben, weitere 30 Sekunden mixen und mit Salz und Pfeffer abschmecken.

FÜR DIE CASHEWKERNE

Die Cashewkerne zusammen mit dem Zucker in einer beschichteten Pfanne langsam karamellisieren lassen und dann auf Backpapier auskühlen lassen.

FÜR DAS GEMÜSE

Den Essig und den braunen Zucker einmal aufkochen und das komplette Gemüse in den süßen Essigfond geben und mindestens 1 Stunde darin ziehen lassen.

Im besten Fall über Nacht.

Das Gemüse aus dem Fond nehmen und zusammen mit dem Hummus, den Cashewkernen und den Tomaten anrichten und mit dem Koriandergrün dekorieren.

Den Essigfond muss man nicht weggiessen sondern kann man im Kühlschrank perfekt aufbewahren für Salatdressing oder auch ein weiteres mal Pickeln.

„Lola Rosé" Cuvée trocken, Weingut Manz, Rheinhessen
Sehr deutliche Frucht mit Beerenaromen, Cassis und Holunder, saftig, guter Körper, lebendig und abgerundet

GUACAMOLE

LAX, WILDER SPARGEL, DRILLING

Zutaten für 4 Personen

Chardonnay Kalkstein trocken, Weingut Manz, Rheinhessen
Vielschichtiges Bukett von gelben Früchten, Aromen von frischen Nüssen,
saftig-cremige Struktur, feinwürzig

ZUTATEN

FÜR DIE GUACAMOLE

2 Avocados ohne Stein und Schale
50 g fettiger Joghurt oder Schmand
½ Knoblauchzehe, geschält und sehr fein geschnitten
3 Esslöffel gutes Olivenöl
Saft von ½ Zitrone
1 kleine Chilischote, fein geschnitten
½ Teelöffel brauner Zucker
Salz zum Abschmecken

FÜR DEN LAX

4-mal 100 g Sockeye-Lachsfilet
Salz und etwas Olivenöl zum Abschmecken

FÜR DIE GEDRÜCKTEN DRILLINGE

400 g Drillinge, gekocht
1 Esslöffel geräucherter Paprika
½ Teelöffel Honig, 6 Esslöffel gutes Olivenöl
½ Knoblauchzehe, geschält und zerdrückt
Nadeln von 1 Zweig Rosmarin
½ Teelöffel Salz

AUSSERDEM

½ Bund Blattpetersilie oder Koriander
150 ml Rapsöl
200 g wilder Spargel
Salz und Pfeffer zum Abschmecken

ZUBEREITUNG

FÜR DIE GUACAMOLE

Alle Zutaten in eine Schüssel geben und mithilfe einer Gabel grob durchrühren. Alternativ kannst du es auch fein mixen. So oder so mit Salz und Pfeffer abschmecken.

FÜR DEN LAX

Den Lax salzen und bei niedriger Temperatur in etwas Olivenöl glasig braten.

FÜR DIE GEDRÜCKTEN DRILLINGE

Alle Zutaten außer den Drillingen gut miteinander mixen und in einer Schüssel über die Drillinge geben und gut vermischen. Die Drillinge einzeln andrücken und auf ein Blech mit Backpapier geben und bei 200 Grad Ober- und Unterhitze ca. 10-15 Minuten knusprig backen.

AUSSERDEM

Blattpetersilie oder Koriander mit dem Öl 2 Minuten mixen und dann durch ein feines Sieb geben. Den wilden Spargel mit etwas Öl in der Pfanne anbraten und mit Salz und Pfeffer abschmecken.

Alles zusammen anrichten und direkt servieren.

SCHMARRN

VANILLE, MANDEL, KARAMELL

Zutaten für 4 Personen

ZUTATEN

FÜR DEN SCHMARRN

120 g Mehl
250 ml Milch (Raumtemperatur)
4 Eigelb (M)
80 g Zucker
½ Vanilleschote, ausgekratzt,
oder 1 Päckchen Bourbon-Vanillezucker
Abrieb von ¼- ½ Zitrone
90 g Butter
4 Eiweiß (M)
Prise Salz
50 ml Rum
2 Esslöffel Rosinen
2-3 Esslöffel Mandelblättchen
Butterschmalz

FÜR DAS APFELKOMPOTT

1,2 kg Äpfel (z. B. Topaz, Elstar, Santana)
2 kleine Biozitronen
300 g Zucker
½ Vanilleschote
Scheibe Ingwer (ca. 0,5 cm dick)
½ Anisstern
2 Pimentkörner
½ Zimtstange
1 Einwegteesäckchen

ZUBEREITUNG

FÜR DEN SCHMARRN

Rosinen in einer kleinen Schüssel mit 2-3 Esslöffel Rum marinieren. Eier trennen. 40 g Butter in einem kleinen Topf erwärmen, bis sie flüssig ist. Mehl mit Milch in einer Schüssel glatt rühren. Eigelb, 60 g Zucker, ausgekratztes Vanillemark, Zitronenabrieb und flüssige Butter unterrühren. Eiweiß mit Salz steif schlagen und unter den Teig heben. Backofen auf 180 Grad Ober- und Unterhitze vorheizen. Butterschmalz in einer großen beschichteten Pfanne aufschäumen lassen, den Teig langsam in die Pfanne eingießen, Rumrosinen und Mandelblättchen auf den „rohen" Teig streuen. Pfanne anschließend in den Backofen stellen und die Teigunterseite goldbraun backen. Teigplatte vierteln und die Stücke jeweils wenden und ebenfalls goldbraun backen. Eventuell noch etwas Butterschmalz in die Pfanne geben. Pfanne aus dem Backofen nehmen und auf den Herd stellen. Teig mit zwei Holzkochlöffeln in unregelmäßige Stücke zerreißen. Restliche Butter auf den Teigstücken verteilen, mit dem restlichen Zucker bestreuen und Schmarrn karamellisieren.

FÜR DAS APFELKOMPOTT

Äpfel schälen, vierteln, entkernen, würfeln und in eine Schüssel geben. Vanilleschote der Länge nach aufschlitzen und das Mark auskratzen. Saft einer Zitrone auspressen, zusammen mit 200 g Zucker und dem Vanillemark unter die Apfelwürfel mischen. Zitrone waschen, trocken reiben und mit einem Sparschäler 4 Zesten abziehen. Gewürze mit der Ingwerscheibe in ein Einwegteesäckchen füllen und verschließen. Zusammen mit den Zesten unter die Apfelstücke mischen. Restlichen Zucker in einen Topf geben und goldgelb karamellisieren. Apfelwürfel dazugeben. Zugedeckt bei mittlerer Hitze für 10-15 Min. weich kochen, zwischendurch umrühren. Gewürzsäckchen und Zesten entfernen, das Kompott noch heiß in die vorbereiteten Gläser abfüllen und verschließen.

Oppenheimer Herrenberg Riesling Auslese edelsüß, Weingut Manz, Rheinhessen
Üppiger Aprikosenduft, elegant, mit feinem Säurespiel, saftiger Abgang

SAMY DELUXE

HAMBURG, KUNSTWERKSTADT

… „Ich hab' das Mikro in der Hand und die Raps im Kopf, bin auf dem Weg zu euch allen, also macht auf, wenn's klopft" …

Das sind die ersten Zeilen, die ich von Samy gehört habe, und die haben mich damals so geflasht. Seine Stimme, die Sprache, und das in Deutsch, war einfach das nächste Level. Niemand außer Curse hat mich so konstant in den letzten 20 Jahren immer wieder musikalisch und emotional abgeholt wie er, mit keinem Künstler verbinde ich so viele Lebensereignisse und Dinge wie mit Songs von ihm, immer zu ihrer Zeit, aber immer auf den Punkt in dieser Zeit.

Das ist ja der gleiche Text wie bei Curse. „Fast!" – Quasi zeitgleich kamen beide damals in mein Leben und zeitgleich haben mich beide weggeblasen. Curse habe ich viel früher persönlich kennengelernt, Samy dann ganz kurz zum 10-Jahre-Feuerwasser-Konzert von Curse und so richtig dann bei der Max-Herre-unplugged-Aufzeichnung zwischen Baked Beans und „Einstürzen/Neubauen" . Neben Moses und Curse ist er dann auch der Einzige, der den Unplugged-Weg seit Tag eins immer begleitet und supportet hat, mit seinem eigenen SaMTV unplugged haben wir dann quasi backstage unseren Unplugged-Kreis geschlossen, aber noch lange nicht zu gemacht.

… „Ich finde, wir fahren mit dem Boot dahin, weil ich ein Mann mit Visionen bin, besser als hier ist es da ohnehin, wir haben gelernt, gegen den Strom zu schwimmen" …

Skip: Dezember Kunstwerkstadt – kurz vor Hochkultur kochen wir in der Kunstwerkstadt mit viel Bodenhaftung Wildschwein. Gar nicht lange rumgemacht, sondern einen richtig kräftigen Braten mit Rotkohl und Nusscrumble, und alles, was sich von dem Braten nicht in schöne Scheiben schneiden ließ, haben wir gezupft und in einen sehr wilden Burrito gerollt mit Koriander, Preiselbeeren und allem, was uns in die Finger kam und passend erschien.

Das Menü komplett gemacht haben dann in Gefundenes-Fressen-Manier Pancakes mit Ahornsirup, knusprigem Bacon und Blaubeerkompott.

… „Und das war's aus meinem Poesiealbum und darauf reimt sich grobe Viehhaltung" …

„WIE EIN GUT AUSSEHENDER BURRITO-VERKÄUFER BIN ICH EIN SCHÖNER WRAPPER?"

Track
Rap ist

Album
Hallo Welt!

Release
2012

حبيبى

حبيبي

حبيبي

MODIRTYSHIT
NYASHA MUDO
DJ STYLEWARZ
SA. 18. MAI
KNUST

DAS ALBUM · JETZT
Catering
حبيبي

KNUST
حبيبي

حبيبي

حبيبي

EKO FRESH
حبيبي
WELCOME
METRO

حبيبي

حبيبي

WILDER BURRITO

GEZUPFTE WILDSAU, KORIANDER, DATTELN

Zutaten für 4 Personen

Weingut Mayerhof, Cabernet Sauvignon Rosé
Ein herrlich frischer, fruchtig-süffiger und doch rassiger Sommerwein, der in dieser Kategorie Maßstäbe setzt. Im Mund die volle Ladung Erdbeer-Johannisbeere-Sorbet mit unheimlich dichter, lang anhaltender Struktur.

ZUTATEN

FÜR DIE CREME

1 Avocado ohne Stein und Schale
50 g saure Sahne
½ Knoblauchzehe, geschält und sehr fein geschnitten
3 Esslöffel gutes Olivenöl
1 Teelöffel Limettensaft
1 Messerspitze Cayennepfeffer
Salz zum Abschmecken

FÜR DIE FÜLLUNG

400 g Abschnitte von dem Wildschweinbraten nächste Seite
12 Datteln ohne Stein, fein geschnitten
8 Stängel Koriander, fein geschnitten, samt Stängel
12 Kirschtomaten, geviertelt
1 rote Zwiebel, geschält und fein geschnitten
4 Esslöffel Parmesan, fein gerieben
4 Teelöffel geröstete Nüsse oder Pinienkerne gehackt
2 Esslöffel Öl zum Braten

AUSSERDEM

4 große Weizentortillas
1 Handvoll Rucola für die Optik

ZUBEREITUNG

FÜR DIE CREME

Alle Zutaten zusammen mixen und mit Salz und Pfeffer abschmecken.

FÜR DIE FÜLLUNG

Den Wildschweinbraten klein zupfen oder schneiden und ganz kurz mit der roten Zwiebel in der heißen Pfanne mit dem Öl kurz anbraten.

Parallel die Tortillas für 1-2 Minuten bei 160 Grad Ober- und Unterhitze in den Ofen geben, um sie kurz zu erwärmen.

Die Tortillas dann ausbreiten, mit der Creme bestreichen und mit Fingerspitzengefühl mit allen weiteren Zutaten belegen und vorsichtig aufrollen.

Ich habe sie an dem Shooting-Tag dann noch mal in den Kontaktgrill gepackt, um sie von außen schön kross zu bekommen, muss man aber nicht.

Kurz vor dem Servieren habe ich sie schräg aufgeschnitten und mit gezupftem Rucola serviert.

WILDES SCHWEIN

WILDSCHWEINKEULE, ROTKOHL, NUSSCRUMBLE

Zutaten für 4 Personen

Weingut Mayerhof, Chardonnay north south
Die Kraft des Südens vereint mit der Eleganz des Nordens.
Überreife, aber nicht aufdringliche Früchte, Banane, Papaya, Honigmelone,
dazu ein Klecks Joghurt und frisches Brot.

ZUTATEN

FÜR DIE KEULE

1 kg Wildschweinkeule ohne Knochen
2 Zwiebeln, geschält und in Würfel geschnitten
2 Möhren, geschält und in Würfel geschnitten
½ Sellerieknolle, geschält und gewürfelt, 2 Lorbeerblätter
10 Wacholderbeeren, 400 ml Gemüsebrühe, 500 ml Rotwein
4 Esslöffel Rübensirup, 4 Esslöffel dunkler Balsamico
2 Esslöffel Preiselbeermarmelade, Salz, Zucker und Pfeffer zum Abschmecken, Etwas Öl zum Braten

FÜR DEN ROTKOHL

500 g Rotkohl ohne Strunk, fein geschnitten
1 Esslöffel Schmalz, am besten Gänseschmalz von Weihnachten
1 kleine Zwiebel, geschält und fein geschnitten
1 Esslöffel Honig, 1 Sternanis, 1 Zimtstange,
3 Körner Piment, 200 ml Rotwein, 300 ml Brühe,
1 Handvoll Cranberrys getrocknet, 4 Esslöffel Preiselbeeressig,
1 Teelöffel brauner Zucker,
Salz und Pfeffer aus der Mühle zum Abschmecken
Eventuell etwas Speisestärke zum Andicken

FÜR DEN NUSSCRUMBLE

2 Esslöffel Röstzwiebeln, 2 Esslöffel geröstete Nüsse
2 Esslöffel gebrannte Mandeln vom Weihnachtsmarkt

AUSSERDEM

2 Handvoll Waldpilze geputzt, 1 Butterflocke, 12 Maronen halbiert
Gezupfter Feldsalat für die Optik

ZUBEREITUNG

FÜR DIE KEULE

Die Wildschweinkeule leicht zuckern und salzen und im heißen Bräter mit etwas Öl scharf anbraten. Das Gemüse, die Zwiebeln und die Gewürze dazugeben, 3-4 Minuten mit anschwitzen und nach und nach mit dem Rotwein ablöschen, dann die Brühe dazugeben, kurz umrühren und das Ganze bei 165 Grad Ober- und Unterhitze abgedeckt für 90 Minuten in den Ofen stellen. Alle 20 Minuten den Braten wenden und dann 20 Minuten vor Ende der Garzeit die Preiselbeermarmelade, den Essig und den Rübensirup dazugeben. Kurz vor dem Servieren die Keule aus der Sauce nehmen und in schöne Scheiben schneiden. Die nicht so schönen Scheiben und die Randstücke nehmen wir für den Burrito. Die Sauce durch ein Sieb geben und danach eventuell mit etwas Speisestärke andicken.

FÜR DEN ROTKOHL

Rotkohl salzen und zuckern, 10 Minuten stehen lassen und dann mit den Zwiebeln und den Cranberrys im heißen Schmalz 1 Minute anschwitzen. Sternanis, Zimt, Piment, Lorbeer in einen Teebeutel packen und dazugeben und mit dem Rotwein ablöschen. 10 Minuten köcheln lassen und dann mit der Brühe auffüllen, nach weiteren 20 Minuten den Preiselbeeressig dazugeben. Mit Honig, Salz und Pfeffer abschmecken und eventuell mit etwas Speisestärke andicken.

FÜR DEN NUSSCRUMBLE

Alle Zutaten grob mixen.

AUSSERDEM

Die Pilze kurz mit den Maronen in Butter anschwitzen, mit Salz und Pfeffer würzen und für die Optik mit dem Feldsalat, dem Rotkohl und dem Crumble zum Braten anrichten.

PANCAKES

AHORNSIRUP, BACON, BLAUBEEREN

Zutaten für 4 Personen

ZUTATEN

FÜR DIE PANCAKES

3 Eier
2 Esslöffel Zucker
Mark von ½ Vanilleschote
200 ml Milch
100 ml Sahne
300 g Mehl
2 Teelöffel Backpulver
1 Prise Salz
Etwas Öl zum Braten

AUSSERDEM

8 Scheiben Frühstücksspeck
200 g Blaubeeren
120 ml Ahornsirup

ZUBEREITUNG

FÜR DIE PANCAKES

Alle Zutaten gut miteinander verrühren und 15 Minuten stehen lassen.

In einer beschichteten Pfanne mit wenig Öl goldbraun backen.

Parallel den Speck knusprig braten und zusammen mit den Blaubeeren und dem Sirup auf den Pancakes anrichten.

Weingut Mayerhof, Riesling Herrenberg

Im Glas zeigt sich ein kräutergartenwürziger Wein mit konzentrierten Aromen von überreifen Äpfeln, Pfirsichen, Mirabellen und getrocknetem Tee.

NISSE

BERLIN, KOCHBOX

... „Ist Nisse ein Ort in Holland? Oder eine skandinavische Sagengestalt? Oder ist Nisse einfach nur einer der Besten des Landes?" ...

3. August 2015 - mit einem Walkman und mit Anlauf sind für unser Shooting knapp 4 Jahre vergangen, bis es zu unserem gemeinsamen Kochen gekommen ist. Elif hatte uns connectet. Damals zum Shooting von Elif für Unplugged 2 stand er plötzlich in der Kochbox, gerade hatte ich Elif noch von ihm erzählt und Herz auf den Beat vorgespielt da sagte sie mir, dass er eh gleich auf der Matte steht und zum Essen kommt, und wenn uns die Zeit kein Schnäppchen geschlagen hätte, wäre er dann schon in Kochen Unplugged 2 gewesen. War er ja quasi auch, aber halt mehr als Gast als als Kochpartner. Herz auf den Beat samt seinem Album August war dann auch monatelang mein persönlicher Soundtrack und brachte mich durch den kompletten Sommer 2015.

Was Nisse für Musik macht? Fragt ihn selber! - Wenn ihr obendrein wüsstet, an wie vielen Alben und Hits er mitgebaut und mitgeschrieben hat und bei wie vielen Songs er seine Finger mit im Spiel hatte ... Krass.Für mich gibt es keine einzige Schublade, in die er hineinpassen könnte, mich erwischt er mit seiner Stimme immer zwischen Melancholie und Gänsehaut.

Denn Nisse ist Nisse. Punkt! - Was uns ein bisschen verbindet, ist, glaube ich, unsere tiefe Liebe zu Hip-Hop, auch wenn man die auf den ersten Blick nicht immer sofort vermuten würde, trifft das auf uns beide 100 Prozent zu.

Skip: 27. Februar 2019 - als es dann darum ging, was wir kochen, hatte ich zum einen Coleslaw im Kopf; daraus ist dann unser KohliBrie entstanden, ein Minispitzkohl mit Trüffeln und Brie. Wir haben an dem Tag auch noch ein bisschen Pastrami dazugezupft, im Grunde ist es aber ein unfassbar leckeres Veggie-Gericht. Zum Hauptgang war eigentlich gleich klar, dass wir eine Roulade machen, aus Zeitgründen haben wir dann aber die Roastbeef-Version dieses klassischen Rezeptes gemacht mit Kartoffelstampf und gebutterten Bohnen. Beim Nachtisch war der Arbeitstitel New York Cheesecake, den wir aber mit Schmand und Butterkeksen etwas eingedeutscht haben, und dazu ein blitzschnelles Blaubeereis gemacht haben. Bäähm!

... „So, if you were falling in space you wouldn't slow down. You'd just go faster and faster" ...

„FÜR ALLE ANDEREN SIEHTS NACH ANGST AUS, DOCH DU BIST MUTIGER DENN JE!“

Track	Album	Release
Walkman & Anlauf	**August**	**2015**

Kochen
Unplugged

KRUPS
ASTRA
ASTRA

WWW.KOCHBOX.COM

KOHLIBRIE

SPITZKOHL, BRIE, TRÜFFEL

Zutaten für 4 Personen

Muskateller trocken, Weingut Oliver Zeter, Pfalz
Hocharomatisches Bukett, frische Litschi, Rose, Muskat,
Zitronen, Limetten, Kokos und mandelndominiert,
mineralisch-salzig mit würzigem Nachspiel

ZUTATEN

FÜR DEN SPITZKOHL

4 Stück Babyspitzkohl

FÜR DEN BRIESCHAUM

200 g Brie
1 Lorbeerblatt
250 ml Sahne
100 ml Gemüsebrühe
50 ml Weißwein
Salz und Pfeffer zum Abschmecken

AUSSERDEM

40 g Sommertrüffel und/oder Trüffelöl
200 g Pastrami, gerupft

ZUBEREITUNG

FÜR DEN SPITZKOHL

Die äußeren 2 Blätter vom Spitzkohl abnehmen und die 4 Spitzkohle auf ein Blech setzen und bei 180 Grad Ober- und Unterhitze für 45 Minuten in den Ofen schieben.

Die äußeren Blätter können ruhig ein bisschen dunkel werden.

Nach den 45 Minuten die Spitzkohle rausnehmen und eventuell noch die äußeren Blätter abblättern.

FÜR DEN BRIESCHAUM

Alle Zutaten außer dem Brie in einen Topf geben und einmal richtig aufkochen lassen.

Das Lorbeerblatt rausnehmen. Bei wirklich ganz kleiner Hitze dann den Brie dazugeben und langsam vor sich hin köcheln lassen, bis der Brie geschmolzen ist. Kurz vor dem Servieren mit Pfeffer und Salz abschmecken und mithilfe eines Stabmixers schaumig aufmixen.

Umso geiler der Brie, umso geiler die Sauce.

AUSSERDEM

Die Spitzkohle im Ganzen auf den Teller setzen und zusammen mit dem Brieschaum, den Trüffeln und dem gerupften Pastrami servieren.

ROULADE 2.0

ROASTBEEF, STAMPF, BOHNEN

Zutaten für 4 Personen

„Z" Rotwein-Cuvée trocken, Weingut Oliver Zeter, Pfalz
Vollmundig, komplex, mit einer tiefroten bis fast schwarzen Farbe, duftet nach Cassisblatt und Kaffee, würzige Aromen, aromatische Tannine

ZUTATEN

FÜR DIE ROULADE

600 g Roastbeef ohne Sehnen und Deckel
4 Scheiben magerer Speck
4 Teelöffel Senf
4 Stangen Lauchzwiebel
1 Zwiebel
4 Cornichons

FÜR DIE SAUCE

1 Zwiebel, 80 g Sellerie oder Pastinake
2 Möhren, 1 Esslöffel Tomatenmark
1 Esslöffel brauner Zucker
400 ml Wasser oder Rinderfond
200 ml Rotwein, 100 ml Balsamicoessig
1 Lorbeerblatt, 1 Esslöffel Senfsaat
Butterschmalz, Salz und schwarzer Pfeffer

FÜR DEN STAMPF

500 g mehlig kochende Kartoffeln
2 Esslöffel Butter, 80 ml Sahne
Salz und Muskat zum Abschmecken

FÜR DIE BUTTERBOHNEN

400 g grüne Bohnen, geputzt
200 ml Gemüsebrühe
2 Schalotten, 1 Esslöffel Butter
Salz, Pfeffer und etwas Zucker zum Abschmecken

ZUBEREITUNG

FÜR DIE ROULADE

Zwiebeln und Lauch in etwas Butterschmalz kurz anschwitzen und mit Salz und Pfeffer würzen. Das Stück Roastbeef längs aufschneiden, sodass man es später schneckenförmig aufrollen kann. Salzen, ganz leicht zuckern und pfeffern und flach ausbreiten, mit dem Senf einstreichen, den Speck darauflegen und dann die Cornichons und die angeschwitzten Zwiebeln und Lauch gleichmäßig darauf verteilen. Das Roastbeef jetzt straff zusammenrollen und mithilfe von Zahnstochern befestigen.

FÜR DIE SAUCE

Die Roastbeef-Roulade in etwas Butterschmalz in einem Bräter vorsichtig rundum scharf anbraten und auf ein Backofenblech legen. In dem gleichen Bräter jetzt den Sellerie, die Zwiebeln, die Möhren zusammen mit dem braunen Zucker karamellisieren lassen, das Tomatenmark dazugeben und ebenfalls mit anrösten, dann nach und nach mit dem Rotwein ablöschen und reduzieren lassen, den Balsamico dazugeben und mit Wasser auffüllen, die Senfsaat und das Lorbeerblatt dazugeben und das Ganze so lange köcheln lassen, bis sich die Flüssigkeit um die Hälfte reduziert hat. Die Roastbeef-Roulade für 20 Minuten bei 160 Grad Heißluft in den Ofen schieben, parallel die Sauce durch ein Sieb geben und eventuell mit etwas Speisestärke andicken.
Die Roastbeef-Roulade aus dem Ofen nehmen, in 4 gleich große Scheiben schneiden und zusammen mit der Sauce, dem Stampf und den Bohnen anrichten.

FÜR DEN STAMPF

Kartoffeln in Salzwasser weich kochen, die Kartoffeln abschütten, 1 Minute ausdampfen lassen, die Butter und die Sahne dazugeben und vorsichtig stampfen, das Ganze dann mit frisch geriebenem Muskat und eventuell noch etwas Salz abschmecken.

FÜR DIE BUTTERBOHNEN

Schalotten mit der Butter und den Bohnen in einem Topf anschwitzen, leicht salzen, zuckern, mit der Brühe aufgießen und so lange köcheln lassen, bis die Flüssigkeit so gut wie weg ist. Kurz vor dem Servieren noch mal mit Salz nachschmecken und mit Pfeffer aus der Mühle würzen.

WECK
CIAO
NISSE

CHEESY!!!

KÄSEKUCHEN, BLAUBEERFROST, MINZE

Zutaten für 4 Personen

„Goldschatz" Trockenbeerenauslese-Cuvée edelsüß, Weingut Oliver Zeter, Pfalz
Intensivste Noten von gelben Früchten wie vollreifen Stachelbeeren, Pfirsich, Mirabellen, Aprikosen, Mango und Papaya zeigen sich. Nussig-würzige Anklänge, Vanille, Nougat, Espressonoten, Pekannuss und allerlei edle Schokolade ergänzen.

ZUTATEN

FÜR DEN KÄSEKUCHEN IM GLAS

Der Boden

6 Esslöffel Butterkekse, fein gebröselt
1 Esslöffel Mandeln, fein gehackt
Abrieb von 1 Orange, 50 g weiche Butter

Die Masse

300 g Schmand, 100 g geschlagene Sahne
3 Blatt Gelatine, in kaltem Wasser eingeweicht
50 g weiße Kuvertüre, geschmolzen
Mark von ½ Vanilleschote
50 g Puderzucker, Saft von ½ Zitrone

FÜR DEN BLAUBEERFROST

350 g Blaubeeren, gefroren
150 ml Gingerale
70 g weißer Zucker
50 ml Cassis
½ Vanilleschote ohne das Mark
½ Tonkabohne, gerieben
Abrieb und Saft von 1 Orange oder Limette

AUSSERDEM

Frische Minze für die Optik
4 Teelöffel Minzlikör oder Sirup
4 Gläser

ZUBEREITUNG

FÜR DEN KÄSEKUCHEN IM GLAS

Der Boden

Alle Zutaten gut miteinander verkneten (dabei ist es wichtig, dass die Butter weich ist, nicht flüssig) und auf die 4 Gläser verteilen und locker auf den Glasboden drücken und nicht kalt stellen.

Die Masse

Den Schmand mit dem Puderzucker, dem Zitronensaft und dem Vanillemark gut glatt rühren. Die Gelatine ausdrücken und so lange erhitzen, bis sie flüssig ist (sie darf auf keinen Fall kochen), die flüssige warme Kuvertüre dazugeben und dann per Wärmeaustausch mit ein bisschen Fingerspitzengefühl in die Schmandmasse rühren; innerlich bis 10 zählen und dann vorsichtig die geschlagene Sahne unterheben. Die fertige Schmandmasse zu gleichen Teilen in die 4 Gläser füllen und für mindestens 1 Stunde kalt stellen.

FÜR DEN BLAUBEERFROST

Alle Zutaten außer den Blaubeeren und dem Cassis in einem Topf aufkochen, 30 Minuten ziehen lassen, durch ein Sieb geben und kalt stellen. Kurz vor dem Servieren mithilfe eines Stabmixers oder Standmixers die gefrorenen Blaubeeren mit der Flüssigkeit und dem Cassis zu einem Sorbet/Blitzfrost mixen, auf den Käsekuchen geben, mit Minze und ein paar Spritzern Minzlikör beträufeln und dann zügig servieren.

SASHA

HAMBURG, FOODBOOM

Suave ist schuld, er hat mich mit Sasha connectet, und als wir uns dann zum Shooting getroffen haben, war das so ein Henning-Wehland-Moment, wir haben uns da wirklich zum ersten Mal persönlich getroffen und es hat sich nach 10 Minuten angefühlt, als kennen wir uns schon viele Jahre. Ähnlich alt, gemeinsame Bekannte/Freunde, Vater, Kids, es gab nicht eine Sekunde, wo wir nichts zum Reden gehabt hätten.

... „Mit deinem kleinen bisschen Singen wirst du es niemals zu was bringen. Das hab' ich tausendmal gehört und weggesteckt. Junge, was denkst du dir denn nur? Mach lieber erst mal Abitur. Doch die Musik hatte mich längst für sich entdeckt, nur diese Idee und keinen Plan B, was sollte passieren, es gab nichts zu verlieren. Den zweifelndem Chor immer im Ohr. Ich ließ sie verstummen, hab' einfach lauter gesungen" ... (Der Junge)

Vielleicht sind es aber auch so versteckte Gemeinsamkeiten und kleine Geschichten, die man in Textzeilen von Sasha findet, die ihn dann so nah erscheinen lassen und für mich so kleine Parallelen aufzeigen, die wir beide jeder in seiner Welt haben.

... „Hab euch damals schon gesagt, macht euch keine Sorgen. Manches braucht halt seine Zeit, ein bisschen Glück war auch dabei. Aus dem Jungen ist ja doch noch was geworden" ...

Wir haben an dem Tag bei meinem Freund Hannes Ahrendholz im Foodboom Headquarter in der Kulisse vom 10-Kochgesetze-Video gekocht. Kabeljau mit Bete und Hüttenkäse, gefülltes Perlhuhn mit Spargel und Speck und zum Nachtisch auch für mich zum ersten Mal Franzbrötchen, die viel besser geworden sind, als ich befürchtet habe, mit Zimtgel und Brombeeren.

„UND JEDER AUGENBLICK IST WIE 'N POLAROID"

Track
Polaroid

Album
Polaroid

Release
2018

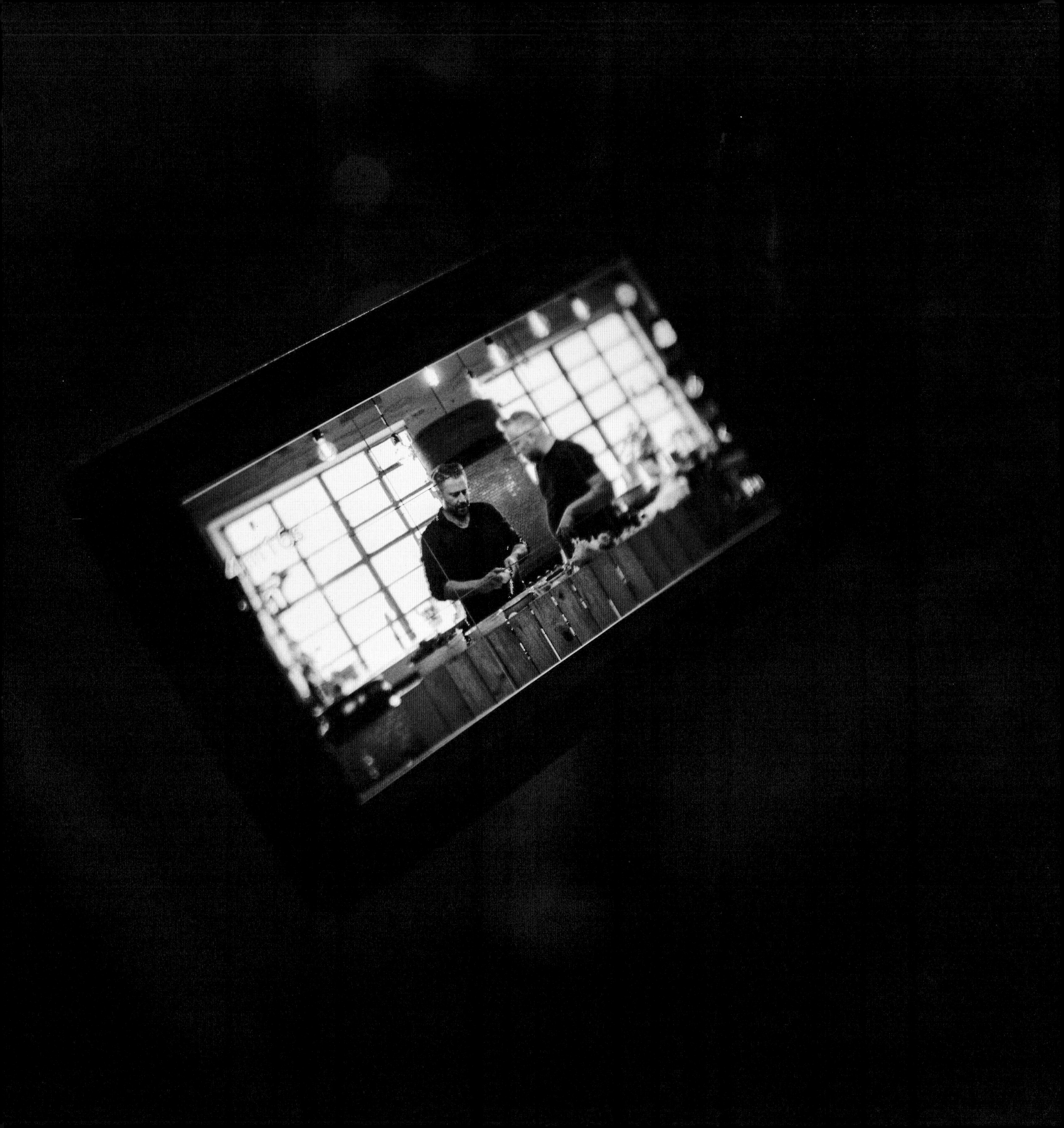

#WE ARE FOOD

KABELJAU

SPINAT, HÜTTENKÄSE, PINIENKERNE

Zutaten für 4 Personen

„Pino Magma" Burgunder-Cuvée trocken, Weingut Kiefer, Kaiserstuhl, Baden
Dezente Aromen von heimischen Äpfeln und Birnen sowie Stachelbeeren,
reiche Struktur, gute Balance, schmeichelnde Cremigkeit.

ZUTATEN

FÜR DEN KABELJAU

4-mal 120 g Kabeljaufilet ohne Haut
Meersalzflocken
Etwas Öl zum Braten

FÜR DEN SPINAT

500 g Blattspinat, geputzt
4 Schalotten, geschält und fein gewürfelt
1 Knoblauchzehe, geschält und fein geschnitten
Muskat, Salz und Pfeffer zum Abschmecken

FÜR DIE PINIENSAUCE

3 Eigelb
250 g Butter, geklärt
50 g Pinienkerne, geröstet
1-2 Esslöffel Ahornsirup
2 Esslöffel Orangensaft
2 Esslöffel Weißwein
1 Messerspitze Cayennepfeffer
Eventuell Salz zum Abschmecken

AUSSERDEM

200 g Hüttenkäse
Gezupfter Dill für die Optik
50 g Pinienkerne, geröstet

ZUBEREITUNG

FÜR DEN KABELJAU

Die Kabeljaufilets leicht salzen und in etwas Öl in der heißen Pfanne 30 Sekunden von jeder Seite braten und noch 2-3 Minuten im Ofen bei 100 Grad Ober- und Unterhitze ruhen lassen.

FÜR DEN SPINAT

Schalotten und Knoblauch in der Butter farblos anschwitzen. Den Spinat dazugeben, 1 Minute immer wieder schwenken und mit Salz, Pfeffer und frisch geriebenem Muskat abschmecken.

FÜR DIE PINIENSAUCE

Alle Zutaten außer der Butter in eine Schüssel geben und über dem Wasserbad in einer Metallschüssel cremig schlagen, aus dem Wasserbad nehmen und zeitgleich die Butter schmelzen. Die geschmolzene Butter langsam und mit etwas Fingerspitzengefühl unter die Eimasse rühren, eventuell noch mit etwas Salz abschmecken.

Die Sauce mit Liebe auf dem Teller verteilen, den Fisch mit dem Spinat anrichten, mit Pinienkernen und Dill dekorieren und zum guten Schluss den Hüttenkäse drübergeben.

PERLHUHN SUPREME

THAISPARGEL, SPECK, SOJA

Zutaten für 4 Personen

Weißburgunder „Dreistern" trocken, Weingut Kiefer, Kaiserstuhl, Baden
Nobel-filigraner Duft nach Mango, Ananas und Williams Christbirne, zart rauchige
Note, dichter, ausgeprägter Körper, vielschichtig und verspielt

ZUTATEN

FÜR DAS PERLHUHN

4 Perlhuhnbrüste supreme
100 g Butter, weich, Abrieb von 1 Zitrone
1 Esslöffel Cashewkerne, geröstet und gehackt
1 Teelöffel Sesamöl, 2-3 Zweige Thymian
Salz, Pfeffer, Curry, brauner Zucker

FÜR DEN THAISPARGEL

300 g grüner Thaispargel
8 Scheiben Frühstücksspeck
80 g Butter, 100 ml Gemüsebrühe
Eventuell Salz zum Abschmecken

FÜR DIE SOJAJUS

300 ml Rinderfond
300 ml Rotwein
100 ml Sojasauce, dunkel
2-3 Esslöffel Grafschafter Rübensirup
1 Chilischote, sehr fein geschnitten
1 walnussgroßes Stück Ingwer, geschält und sehr fein geschnitten
2 Esslöffel Sweet Chili Sauce
1 Esslöffel gerösteter Sesam
Eventuell Speisestärke zum Andicken

AUSSERDEM

Erbsensprossen für die Optik
Fein geriebener Parmesan

ZUBEREITUNG

FÜR DAS PERLHUHN

Die Butter mit dem Zitronenabrieb, dem Thymian, den Cashews, dem Sesamöl, etwas Salz, braunem Zucker und einer Messerspitze Currypulver gut miteinander vermengen. Bei den Perlhuhnbrüsten vorsichtig die Haut anheben, die Butter darunterdrücken und die Haut wieder drüberziehen. Die Perlhuhnbrüste von außen leicht salzen, pfeffern, auf ein Blech geben und bei 180 Grad Ober- und Unterhitze für 15 Minuten in den Ofen schieben.

FÜR DEN THAISPARGEL

Die Thaispargelstangen auf die 8 Scheiben Frühstückspeck verteilen und aufrollen.

In der heißen Pfanne mit der Butter kurz anbraten und mit der Brühe ablöschen.

Sobald die Brühe verdampft ist, sind die Spargelröllchen auch fertig.

Eigentlich braucht man sie nicht mehr groß zu würzen, aber im Zweifelsfall habt ihr ja Salz zur Hand.

FÜR DIE SOJAJUS

Alle Zutaten in einen Topf geben und so lange köcheln lassen, bis sich die Flüssigkeit um ein Drittel reduziert hat. Eventuell mit Salz nachschmecken und mit etwas Speisestärke andicken.

Die Perlhuhnbrüste mit den Spargelröllchen auf der Sojajus anrichten und mit den Sprossen und etwas Parmesan dekorieren.

FRANZBRÖTCHEN

ISI-VANILLE, ZIMTGEL, BROMBEERE

Zutaten für 4 Personen

Sauvignon Blanc Auslese edelsüß, Weingut Kiefer, Kaiserstuhl, Baden
Frisches Aroma, das an Früchte wie Honigmelone und Stachelbeere erinnert, leicht und verspielt, animiert zum nächsten Schluck, lebendig, anregend

ZUTATEN

FÜR DIE FRANZBRÖTCHEN

500 g Mehl, 200 ml Milch
1 Stück Hefe, 80 g Butter
60 g Zucker, 1 Ei
80 g flüssige Butter zum Bestreichen
100 g Zimt-Zucker zum Streuen
1 Prise Salz

FÜR DIE ISI-VANILLE

100 ml Joghurt, 100 ml Sahne
100 ml Milch, 1 Teelöffel Puderzucker
Mark von ½ Vanilleschote

FÜR DAS ZIMTGEL

250 ml Apfelsaft
1 Teelöffel Honig
50 ml Zimtsirup (Monin)
2 Zimtstangen, ½ Sternanis
4 g Agar-Agar

AUSSERDEM

Puderzucker
Ein paar gezupfte Blüten
und Brombeeren für die Optik

ZUBEREITUNG

FÜR DIE FRANZBRÖTCHEN

Die Hefe in lauwarmer Milch auflösen, zusammen mit den restlichen Zutaten einen Teig kneten und ihn für 30 Minuten gehen lassen. Den Teig dann mithilfe von etwas Mehl zum Rechteck ausrollen (ca. 5 mm dick), dann mit der flüssigen Butter gleichmäßig bestreichen, mit dem Zimt-Zucker bestreuen und dann kompakt und mit Fingerspitzengefühl aufrollen.

Die Rolle in Franzbrötchen-Ecken schneiden und am besten mit einem Kochlöffel die berühmte Delle in die Franzbrötchen drücken. Die fertig geformten Franzbrötchen noch mal 10 Minuten stehen lassen und dann auf einem Backblech mit Backpapier bei 200 Grad Heißluft 15-18 Minuten backen.

FÜR DIE ISI-VANILLE

Milch, Zucker und Vanilleschote einmal aufkochen und dann 30 Minuten ziehen lassen. Wenn die Vanillemilch kalt ist, mit dem Joghurt und der Sahne gut verrühren, in eine ISI-Flasche geben und mit 1-2 Patronen aufblasen.

FÜR DAS ZIMTGEL

Alle Zutaten zusammen aufkochen, durch ein Sieb in ein Blech gießen und kalt stellen. Wenn die Masse komplett durchgekühlt ist, am besten in einem Küchenmixer gut durchmixen und in eine Quetschflasche füllen.

AUSSERDEM

Die noch warmen Franzbrötchen mit der ISI-Vanille und dem Gel anrichten und den Brombeeren und den Blüten dekorieren.

GREGOR MEYLE

KASSEL, LUTHERTURM

Baunatal 15.12.2018 - auf seinem Konzert in Baunatal, das wir bekocht haben, habe ich Gregor aufgelauert und ihm Kochen Unplugged 2 in die Hand gedrückt. Pech, hatte er schon! Fand es aber total geil, dass es mal persönlich geklappt hat, und fünf kulinarische Anekdoten und einen Koffer voll Merchandise später hatte er für Teil 3 zugesagt.

Skip: 9. Mai 2019 Lutherturm - Gregor rollt mit seinem Bus auf dem Lutherplatz ein und hat damit für mein erstes Heimspiel im Turm in der gesamten Unplugged-Reihe gesorgt. Wir haben einen fabelhaften Tag im Turm und in diesen 6, 7, 8 Stunden geht es um Gott, um die Welt, um Kollegen, um Mucke und wir haben gekocht wie die Weltmeister.

... „Manchmal ist weniger mehr.
Manchmal wiegen Dinge nicht so schwer.
Bleib mal entspannt und mach dich frei!
Bist du so weit?" ...

Ich glaube, es gibt nur zwei Möglichkeiten bei Gregor: Entweder es passt oder es passt nicht; dazwischen gibt es nicht so viel und bei uns hat es tatsächlich gleich gepasst. Toller Mensch, toller Humor und ein echt toller Koch.

... „Dumm ist der, der Dummes tut, Forrest Gump weiß das zu gut.
Ob es wirklich richtig ist, weißt du, wenn dir's wichtig ist" ...

Gekocht haben wir drei Gänge ohne Nachtisch, zum Start Thunfisch-Tatar mit Avocado, Sesam und hausgemachter Mayo, danach einen Topf voll Vongole mit Linguine und zum guten Schluss noch Schwertfisch mit Minze, Hollandaise und einem Tipptopp-Risotto. Dabei haben wir uns gegenseitig mit so viel Wissen und gutem Geschmack bereichert, dass es auch alleine für ein Kochbuch reichen würde. Es ist ja auch kein Geheimnis, dass Gregor auch schon Kochbücher rausgebracht hat.

Gregor ist eigentlich der Prototyp für Kochen Unplugged. Er liebt Kochen, er liebt Musik und er ist noch ein unglaublich guter Musiker! Word!!!

„WENN ALL DAS, WAS VOR DIR LIEGT, AUF EINMAL ’NEN SINN ERGIBT“

Track	Album	Release
Du bist das Licht	**Meile für Meyle**	**2012**

Yuzu

STETSON

Du
Musst
Kochen
Lieben
als wärst
Du immer
Gast
geblieben

STETSON

STETSON
Since 1865

EIMAT
erdig & ede

INTRIGA

EIM
erdig &

BUTENSCHÖN

TUNA TATATATAHHH

AVOCADO, SOJA, SESAM

Zutaten für 4 Personen

Liebfraumilch schwarze Madonna, Hammel & Cie
Mutter aller deutschen Weine! 110 % authentisch und einzigartig
mit faszinierend feinherber süßsaurer Balance.

ZUTATEN

FÜR DAS TATAR

300 g Thunfischfilet (Sushi-Qualität), in Würfel geschnitten
3 Esslöffel Sesamöl
4 Esslöffel, Sojasauce hell
Abrieb und Saft von 1 Limette
1 kleine Chili, sehr, sehr fein geschnitten
3-4 Stängel Koriandergrün samt Stängel, sehr fein geschnitten
Pfeffer aus der Mühle und eventuell etwas Salz

FÜR DIE AVOCADO-MAYO

2 Eigelb von sehr frischen Eiern
200 ml Olivenöl
1 Teelöffel Senf
Saft von ½ Zitrone
¼ Teelöffel Wasabi
½ Teelöffel brauner Zucker
1 Esslöffel Sweet Chili Sauce
Salz und Pfeffer zum Abschmecken
1 Avocado ohne Schale und Kern gewürfelt

AUSSERDEM

Koriandergrün für die Optik
Sesam in Schwarz und Weiß, geröstet
Streifen von 1 Chilischote ohne Kerne

ZUBEREITUNG

FÜR DAS TATAR

Alle Zutaten gut und mit Fingerspitzengefühl vermengen, eventuell noch mit etwas Salz und Pfeffer nachschmecken.

FÜR DIE AVOCADO-MAYO

Alle Zutaten außer der Avocado in einen Mixbecher geben und vorsichtig mit dem Stabmixer die Mayonnaise hochziehen, eventuell mit Salz und Pfeffer abschmecken und dann die Avocado unterheben.

Den Thunfisch mit der Avocado-Mayo anrichten und mit dem Koriandergrün, dem gerösteten Sesam und dem Chili dekorieren.

VONGOLE

LINGUINE, KNOBLAUCH, PETERSILIE

Zutaten für 4 Personen

Sauvignon Blanc Collage, Hammel & Cie
Fisch muss schwimmen! Lebendige Frische mit animierender Aromatik wie eine frisch gemähte Sommerwiese.

ZUTATEN

FÜR DIE VONGOLE

1 kg Vongole, frisch
5 Knoblauchzehen, geschält und fein gewürfelt
2 Chilischoten ohne Kerne, fein gewürfelt
½ Bund Blattpetersilie samt Stängel, sehr fein geschnitten
4 Schalotten, geschält und fein geschnitten
½ Fenchelknolle ohne Strunk, fein geschnitten
½ Teelöffel Fenchelsaat
Schale von ½ Zitrone
Olivenöl zum Anschwitzen
200 ml Weißwein zum Ablöschen
Schwarzer Pfeffer und Salz zum Abschmecken
50 g Butter

AUSSERDEM

250 g Linguine, am liebsten die von Cecco
Blattpetersilie für die Optik

ZUBEREITUNG

Vongole putzen bzw. abkratzen und 1- bis 2-mal in viel kaltem Wasser waschen. In einem großen Topf Olivenöl erhitzen und den Knoblauch, die Zwiebeln, die Chilischote, die Fenchelsaat und die Fenchelknolle anschwitzen und dann die Muscheln dazugeben, für eine Minute mit anschwitzen, mit dem Weißwein ablöschen und dann mit Wasser so auffüllen, dass sie gerade so bedeckt sind, und köcheln lassen, bis die Muscheln aufgehen. Die Muscheln mit einer Schaumkelle rausnehmen und beiseitestellen. Die Muscheln, die nicht aufgegangen sind, bitte direkt entsorgen. Den Muschelfond um ein Drittel runterkochen lassen. Parallel die Linguine in reichlich Salzwasser mit Biss kochen, abschütten und warm stellen.

Kurz vor dem Servieren die Linguine in den Muschelfond geben, die Muscheln, die Zitronenschale und die fein geschnittene Blattpetersilie genauso wie die kalte Butter dazugeben und mit schwarzem Pfeffer und Salz abschmecken. Alles gut miteinander verrühren und dann direkt anrichten und mit weiterer Blattpetersilie dekorieren.

SCHWERTI

TOMATE, MINZE, RISOTTO

Zutaten für 4 Personen

Riesling gegengerade, Hammel & Cie
Unser großer Traditionalist im modernen Gewand. Klassische Mineralik trifft elegant eingebundene Fruchtaromen.

ZUTATEN

FÜR DEN SCHWERTFISCH

4 Schwertfischsteaks à 150 g, gerne 3 cm dick
Jeweils 1 Zweig Salbei und Rosmarin
Meersalzflocken und Olivenöl zum Anbraten

FÜR DAS RISOTTO

150 g Risottoreis (Arborio), 200 ml Weißwein
500 ml Gemüsebrühe, 2-3 Schalotten, geschält und fein gewürfelt
50 g Butter, 100 g Pecorino, grob gerieben, etwas Olivenöl

FÜR DAS SUGO

250 g reife Tomaten ohne Strunk, fein gewürfelt
250 g Schältomaten aus der Dose
100 ml Gemüsebrühe, 5 Esslöffel Olivenöl
2 Schalotten, geschält und fein gewürfelt
1 Knoblauchzehe, geschält und sehr fein gewürfelt
1 Handvoll Basilikum samt Stängel, fein geschnitten
50 g brauner Zucker, ½ Teelöffel Salz

FÜR DIE OLIVEN

12 gute Kalamata-Oliven ohne Stein, halbiert
3-4 Stängel marokkanische Minze, gezupft
1 Spritzer Honig, 3 Esslöffel Olivenöl

AUSSERDEM

Ein paar Stangen gebratener grüner Spargel
Gezupfter Dill für die Optik

ZUBEREITUNG

FÜR DEN SCHWERTFISCH

Den Schwertfisch kurz vor dem Servieren von jeder Seite 30 Sekunden zusammen mit den Kräutern im heißen Olivenöl anbraten und noch weitere 30 Sekunden in der Pfanne ziehen lassen und leicht salzen.

FÜR DAS RISOTTO

Gemüsebrühe und Rotwein einmal zusammen aufkochen und beiseitestellen. Schalotten in Olivenöl zusammen mit dem Reis anschwitzen und unter ständigem Rühren nach und nach den Gemüse-Weißwein-Fond dazugeben. Zum Schluss die Butter und den Pecorino dazugeben und eventuell mit Salz und Pfeffer nachschmecken.

FÜR DAS SUGO

Knoblauch und die Schalotten in heißem Olivenöl anschwitzen und mit den Tomaten, den Schältomaten und der Gemüsebrühe auffüllen, Salz und Zucker dazugeben und für 20 Minuten bei schwacher Hitze köcheln lassen. Die Sauce mit dem Stabmixer gut pürieren, den Basilikum dazugeben und noch mal für 2-3 Minuten köcheln lassen. Eventuell mit Salz und Pfeffer noch mal abschmecken.

FÜR DIE OLIVEN

Die Minze im heißen Olivenöl in der beschichteten Pfanne einmal kurz zischen lassen, den Honig und die Oliven dazugeben und die Pfanne vom Herd nehmen.

Den Schwertfisch auf dem grünen Spargel mit dem Risotto anrichten und dann mit dem Sugo und dem Oliven-Minzöl beträufeln, mit Dill dekorieren und servieren.

ALEXA FESER

BERLIN, KOCHSCHULE BERLIN

Irgendwann 2016 - Ramen essend irgendwo in Berlin erzählte mir Curse, dass er mit Alexa einen Song geschrieben hat, eigentlich so ein typischer Unplugged-Moment, dass ich durch Weitersagen das Fenster aufmache und wieder neue Musik höre, vielleicht wäre ich sonst gar nicht auf Alexa gekommen, aber als das Ding dann das erste Mal feat. Curse auf meinem Player läuft, steht die Gänsehaut.

... „Wenn unsere wundervollen Wunderfinder-Kinderaugen glänzen" ...

Wunderfinder ist so ein Lied, das sofort uneingeschränkt in unserer Auto-Family-Playlist den Größtmöglicher-gemeinsamer-Nenner-Status erlangt hat. Genauso wie vom neuen Album A der Song 1A wieder auf der Family Playlist steht.

Skip: Februar 2019 - zusammen wieder mit Curse im Noma in Kopenhagen zur Seafood Season sprechen wir über Kochen Unplugged 3, wer vielleicht noch Bock hätte oder passen könnte, und Curse connectet mich direkt mit Alexa. Die dann tatsächlich innerhalb weniger Tage zusagt.

... „Du hast das Tempo bestimmt, nie auf die Uhren geschaut" ...

Skip: August in Berlin - fünf SMS und ein Telefonat später stehen wir mitten in Berlin und es fühlt sich für mich keine Sekunde so an, als hätten wir uns gerade zum ersten Mal getroffen. In einem sehr geordneten Küchenchaos kochen wir die drei Gänge für roundabout 20 Personen, als hätten wir nie was anderes gemacht.

Salat von Pulpo und dicken Bohnen mit süßem sauren Dressing und gebackener Kartoffelschale, Zander im Holzpapier mit Knoblauchpüree, Zucchini und Olivenkrokant und zum Nachtisch Kindheitserinnerungen mit Werthers-Echte-Mousse.
Tolle Gäste, tolles Essen, toller Tag!

„DIESE WELT WIRD FÜR WUNDER IMMER BLINDER, WENN DU SIE SEHEN KANNST, BIST DU EIN WUNDERFINDER“

Track	Album	Release
Wunderfinder	**Zwischen den Sekunden**	**2017**

VOLL
MILCH

a superpower

KRAKENWEITE

PULPO, BOHNE, KARTOFFELSCHALE

Zutaten für 4 Personen

WIN WIN Rosé trocken, Weingut von Winning, Pfalz

Lachsfarbener Rosé mit rotfruchtiger Intensität, cremig am Gaumen, Aromen von Erdbeerjoghurt, feiner Schmelz, leicht im Holz ausgebaut, deshalb tief und komplex

ZUTATEN

FÜR DEN PULPO

1 mittelgroßer Pulpo
2 Lorbeerblätter
2 Knoblauchzehen, zerdrückt
1 Esslöffel Senfsaat
Salz
3 Liter Wasser zum Kochen
1 Weinflaschenkorken

FÜR DIE BOHNEN

1 Dose dicke weiße Bohnen, abgetropft
1 rote Zwiebel, geschält und in feine Streifen geschnitten
100 g kleine Rispentomaten, gewaschen und geviertelt
1 kleiner Bund Schnittlauch, fein geschnitten
1 Teelöffel Honig
1 Esslöffel süßer Senf
4 Esslöffel heller Balsamicoessig
6 Esslöffel Olivenöl
Salz und Pfeffer aus der Mühle zum Abschmecken

FÜR DIE KARTOFFELSCHALEN

Schalen von 400 g Kartoffeln (die Kartoffeln selber brauchen wir zum Zander)
1 Esslöffel Olivenöl

AUSSERDEM

4 Hände voll Pflücksalate, gewaschen

ZUBEREITUNG

FÜR DEN PULPO

Den Pulpo mit kaltem Wasser gründlich abwaschen und dann in 3 Litern Wasser mit der Senfsaat, dem Knoblauch, den Lorbeerblättern, Salz und dem Korken 1,5 Stunden köcheln lassen. Die Frage, ob der Korken wirklich nutzt oder nicht, kann ich nicht zu 100 Prozent beantworten, aber er schadet auch nicht! Den Pulpo dann am besten in der Brühe auskühlen lassen, dann rausnehmen und in schöne Stücke schneiden.

FÜR DIE BOHNEN

Den Senf mit dem Honig, dem Essig und dem Öl gut verrühren und mit den anderen Zutaten vorsichtig vermischen und mit Salz und Pfeffer abschmecken

FÜR DIE KARTOFFELSCHALEN

Kartoffelschalen gründlich in kaltem Wasser waschen und dann gut mit Küchenpapier trocknen.
Wir haben die Kartoffelschalen an dem Tag mit 1 Esslöffel Olivenöl in der Heißluftfritteuse knusprig gebacken und danach nur mit Meersalz gewürzt.

Den Pulpo dann mit den Pflücksalaten anrichten, die Bohnen samt Dressing darübergeben und mit den knusprigen Kartoffelschalen servieren.

HOLZZANDER

ZANDER, ZUCCHINI, OLIVE

Zutaten für 4 Personen

Ruppertsberger Reiterpfad Riesling Erste Lage trocken, Weingut von Winning, Pfalz
Deutliche Südfrüchte wie gelbe Melone, Passionsfrucht, Grapefruit, Blutorange, Zitronengras, pikante Säure, charmante Frucht, fein, frisch, nachhaltig

ZUTATEN

FÜR DEN HOLZZANDER

4 Woodpapers (gibt es von Weber)
4-mal 160 g Zanderfilet
4 Rosmarinzweige, gezupft
1 gelbe Zucchini, gewaschen und klein gewürfelt
1 grüne Zucchini, gewaschen und klein gewürfelt
1 Knoblauchzehe, geschält und sehr fein gewürfelt
2 rote Zwiebeln, geschält und klein gewürfelt
etwas Olivenöl
Zucker und Salz zum Abschmecken

FÜR DEN OLIVEN-KARTOFFEL-STAMPF

400 g Kartoffeln, mehlig kochend, geschält
60 ml Olivenöl
80 ml Sahne
2 Knoblauchzehen, geschält und fein geschnitten
Salz

FÜR DEN OLIVENKROKANT

150 g schwarze Oliven in Scheiben
150 g Zucker
150 ml Wasser

ZUBEREITUNG

FÜR DEN HOLZZANDER

Rosmarin, Zucchini, Knoblauch und Zwiebeln in heißem Olivenöl 1 Minute anbraten und dann auf die 4 Woodpapers verteilen. Die Zanderfilets salzen und ganz leicht zuckern, je ein Filet auf ein Woodpaper legen und dann vorsichtig aufrollen und mithilfe eines Bindfadens zubinden. Bei 200 Grad Ober- und Unterhitze für ca. 15 Minuten in den Ofen schieben.

FÜR DEN OLIVEN-KARTOFFEL-STAMPF

Die geschälten Kartoffeln in Salzwasser weich kochen und parallel den Knoblauch in dem Olivenöl kross braten und mit der Sahne ablöschen. Die Kartoffeln mit dem Knoblauch-Sahne-Öl-Gemisch stampfen und eventuell mit etwas Salz nachschmecken.

FÜR DEN OLIVENKROKANT

Alles zusammen in einen Topf geben, 20 Minuten köcheln lassen und dann auf ein Sieb geben und sehr gut abtropfen lassen. Die Oliven dann auf Backpapier auf einem Blech verteilen und bei 65 Grad über Nacht im Ofen trocknen.

Sobald der Zander fertig ist, die „Päckchen" aufrollen und den Stampf zusammen mit dem Olivenkrokant auf dem Woodpaper mit dem Zander anrichten.

SALZIGE ECHTE

WEISSE SCHOKOLADE, KARAMELL, SALZ

Zutaten für 4 Personen

ZUTATEN

FÜR DAS SALZIGE ECHTE MOUSSE

80 ml Milch
80 g brauner Zucker
80 g weiße Kuvertüre
200 g Schmand
100 g geschlagene Sahne
2 Blatt Gelatine

AUSSERDEM

2 Orangen, geschält und filetiert
Maldon-Salz-Flakes

ZUBEREITUNG

FÜR DAS SALZIGE ECHTE MOUSSE

2 Blatt Gelatine in kaltem Wasser einweichen und die weiße Kuvertüre im Wasserbad langsam schmelzen lassen. Braunen Zucker in einer Pfanne karamellisieren lassen und mit 80 ml Milch ablöschen und köcheln lassen, bis sich der Zucker gelöst hat. In die süße Milch dann die ausgedrückte Gelatine und die flüssige Kuvertüre geben und alles zusammen dann schnell mit dem Schmand glattrühren. Sobald die Masse dann etwas anzieht, die geschlagene Sahne unterheben und das Mousse für mindestens 1 Stunde kalt stellen. Kurz vor dem Servieren dann Nocken von dem Mousse abstechen, mit ein paar Salz-Flakes bestreuen und zusammen mit den Orangenfilets anrichten.

TROP Likörwein edelsüß, Weingut von Winning, Pfalz
Nach dem Vorbild eines Portweins erzeugt, vinifiziert aus Cabernet Rubin, mit Hefebrand von Cabernet Sauvignon veredelt, Komposition aus beeriger Frucht, weihnachtlichen Gewürzen und Schokolade

MICHAEL SCHULTE

HAMBURG, GEFUNDENES FRESSEN

Michael ist ins Gefundene Fressen gekommen und schnurstracks aufs Klavier zugegangen. Wie Michael sich dann so einfach ans Klavier gesetzt hat und sofort gespielt hat. Gänsehaut! Das ist dann auch so eine Sache, die ich gerne können würde. Wobei ich das ja eigentlich kann. Ein Herd, ein bisschen was im Kühlschrank, eine Pfanne und ich könnte auch sofort loskochen. Ein Instrument zu spielen ist, glaub ich, dann so ein bisschen wie am Herd stehen, nur dass Noten gegen Gewürze getauscht werden und Melodien gegen Geschmack. Egal wie, beides hinterlässt im besten Fall Spuren.

... „Singing songs and telling stories" ...

Gerichte zu kochen und damit Geschichten zu erzählen ist quasi das Prinzip von dem Buch und in den meisten Fällen sind dann auch so die Gerichte entstanden, die wir gekocht haben. Eine Kindheitserinnerung, eine Songzeile, überhaupt eine Erinnerung, Herkunft, eine Liebe. Das Wort Storyteller bekommt so eine ganz neue Bedeutung!

Unsere Tellergeschichten für den Tag im Gefundenen Fressen waren zur Vorspeise Königsberger Klopse; die haben wir mit Pfifferlingen ein bisschen abgewandelt und der Jahreszeit angepasst, Schweinefilet wäre nicht in meinen Top Ten gewesen, aber mit dem Pancetta gerollt und einem fabelhaften Kürbisrisotto und kräftiger Rübenjus hat es uns glücklich gemacht. Glücklich gemacht ist auch die Überschrift für unser Shooting. Michael hat mich glücklich gemacht mit einem tollen Tag im Gefundenen Fressen und natürlich haben wir einen Tisch voll von Michaels Gästen mit dem Menü kulinarisch glücklich gemacht. Den Nachtisch an dem Tag hat übrigens mein Freund Hendrik Maas aus der Meatery vorbeigebracht. Ich habe ein bisschen später dann mit Veronique Witzigmann die grüne Milch mit Pistazien daraus interpretiert und so unsere eigene „Milchschnitte" gebaut.

... „It's easy to say it'll all be okay.
But that's always the way it goes.
So slow down and you'll be okay" ...

„IT'S EASY TO SAY
IT'LL ALL BE OKAY"
Track
You'll Be Okay
Album
Wide Awake
Release
2012

Choice
2019

FRESSEN

1-10

PANCETTA-SCHWEIN

SCHWEINEFILET, PANCETTA, KÜRBIS

Zutaten für 4 Personen

ZUTATEN

FÜR DAS PANCETTA-SCHWEIN

600 g Livar- oder Iberico-Schweinefilet ohne Kopf und ohne Sehnen
9 Blätter Salbei
12-16 Scheiben Pancetta
Prise Zucker, Salz und Pfeffer
Etwas Olivenöl zum Braten

FÜR DEN KÜRBISRISOTTO

150 g Risottoreis (Arborio)
100 ml Weißwein
600 ml Gemüsebrühe
200 g Hokkaidokürbis, gewaschen und ohne Kerne, klein gewürfelt
2-3 Schalotten, geschält und fein gewürfelt
½ Stange Lauch, geputzt und fein geschnitten
50 g Butter
100 g Parmesan, grob gerieben
Etwas Olivenöl

AUSSERDEM

Parmesan, Kürbiskerne und Kräuter für die Optik

Sommeracher Katzenkopf Silvaner Spätlese trocken, Winzer Sommerach, Franken
Feinster Duft nach Mirabellen, mineralisch, klare Struktur, feinwürzig im Geschmack

ZUBEREITUNG

FÜR DAS PANCETTA-SCHWEIN

Das Schweinefilet ganz leicht zuckern, salzen, mit den Salbeiblättern belegen und mit dem Pancetta großzügig einwickeln. In der Pfanne mit etwas Olivenöl vorsichtig anbraten und dann samt der Pfanne bei 160 Grad Ober- und Unterhitze für 20 Minuten in den Ofen schieben. Das Fleisch dann aus dem Ofen nehmen, 5 Minuten ruhen lassen, aufschneiden und mit dem Risotto, dem Parmesan, den Kräutern und den Kernen anrichten. Eventuell mit etwas Kürbiskernöl beträufeln.

FÜR DEN KÜRBISRISOTTO

Gemüsefond und Weißwein einmal zusammen aufkochen und beiseitestellen. Kürbis, Lauch und die Schalotten in Olivenöl zusammen mit dem Reis anschwitzen und unter ständigem Rühren nach und nach den Kalb-Weißwein-Fond dazugeben. Zum Schluss die Butter und den Parmesan dazugeben und eventuell mit Salz und Pfeffer nachschmecken.

GRÜNE MILCH

BLITZTEIG, MILCH, PISTAZIE

Zutaten für 4 Personen

Sommeracher Katzenkopf Silvaner Auslese edelsüß, Winzer Sommerach, Franken
Eleganter Duft nach exotischen Früchten, vielschichtig, viel Potenzial, langer Nachhall

ZUTATEN

FÜR DEN TEIG

150 g weiche Butter
100 g Mehl (Type 405)
½ Teelöffel Backpulver
45 g Pistaziengrieß
Prise Salz
150 g Zucker
Abrieb von ¼ Zitrone
3 Eier (Größe M), Raumtemperatur

FÜR DIE CREME

250 ml Vollmilch
350 ml Sahne
40 g Zucker
20 g Honig
Mark von ½ Vanilleschote
30 g Mondamin
Prise Salz
Abrieb von ¼ Zitrone

AUSSERDEM

Beeren und gehackte Pistazien für die Optik

ZUBEREITUNG

FÜR DEN TEIG

Ofen auf 180 Grad vorheizen. Backblech 24,5 × 37 cm (z. B. von Zenker) mit Backpapier auslegen, die Ränder mit Butter einpinseln. Mehl, Backpulver, Pistaziengrieß und Salz in einer Schüssel mischen. In einer weiteren Schüssel Butter, Zucker und Zitronenabrieb mit dem Handmixer hell und cremig aufschlagen. Die Eier einzeln dazugeben und jeweils gut unterrühren, dann die Mehlmischung zugeben und kurz unterrühren. Den Teig in das Blech gießen und gleichmäßig verstreichen. In den Ofen stellen und ca. 10 Minuten goldgelb backen, dann aus dem Ofen nehmen und im Blech abkühlen lassen. Den Boden auf eine Platte stürzen und das Backpapier vorsichtig abziehen. Die Ränder abschneiden und den Kuchenboden halbieren.

FÜR DIE MILCHCREME

150 ml Milch und die Sahne in einen Topf geben, restliche Milch in eine Schüssel geben und mit Honig, Vanillemark, Zucker, Salz und Zitronenabrieb verrühren. Die Gewürzmilch mit dem Mondamin glatt rühren. Sahne-Milch-Mischung aufkochen und die angerührte Gewürzmischung in die heiße Mischung einrühren, mit dem Schneebesen für 1-2 Minuten kräftig rühren. Topf von der Platte nehmen und die Milchcrememasse direkt mit Frischhaltefolie abdecken und kalt werden lassen. Dann die übrige Sahne steif schlagen und unter die handwarme Milchcreme ziehen.

Eine Hälfte des Pistazienbodens gleichmäßig mit der Creme bestreichen. Mit dem zweiten Boden abdecken (helle Seite nach oben). Die grüne Schnitte für mindestens 3 Stunden kalt stellen. Kurz vor dem Servieren den Kuchen in schöne „Milchschnitten" schneiden und mit Beeren und gehackten Pistazien anrichten.

carhartt

DAS LETZTE WORT

VON NIKO HÜLS – BACKSPIN

Die letzten Worte in einem Buch zu schreiben ist eine gewichtige Aufgabe. Es beendet und beeinflusst dadurch vielleicht noch mal kurz vor der letzten Seite. Als mich Christoph gefragt hat, ob ich ein paar Zeilen schreiben könnte, fühlte ich mich natürlich geehrt. Gleichfalls spürte ich den Druck, abliefern zu müssen, ihn nicht zu enttäuschen. Christoph teilt mit mir viele Leidenschaften. Zum Beispiel die Liebe zur Musik und Kultur. Die Parallelen sind naheliegend. Wie beim Zubereiten eines tollen Abendessens, indem man die Gäste nicht direkt mit der Vorspeise vergraulen möchte, sondern sie bis zum letzten Bissen des Desserts fesselt. Diese Buchreihe ist einzigartig: Sie verbindet die Liebe eines positiv verrückten Typen. Ein gutes Essen ist Balsam für die Seele. Genau wie ein rhythmischer Song oder eine gute Performance. Der Weg dahin kann schwierig sein. Wenn man allerdings mit Passion und Liebe an die Sache herangeht, wird man am Ende nie enttäuscht. Christoph arbeitet und lebt genau nach dieser Formel. Eine Prise anders sein, als es die Konventionen wollen, ein wenig mehr kreativ sein, das Scheitern dabei zulassen. Und das Wichtigste: Leute mit dem, was man selbst liebt, überzeugen und glücklich machen. Das hat schon immer seine Gäste begeistert. Wenn sie in seinem Daily Business auf seine Kreationen treffen, ist Christoph ebenfalls einer der Künstler, die er auf Tour begleitet und die durch seine Fürsorge vielleicht noch ein wenig besser performen.

Denn auch sie spüren Christophs Liebe zum Detail, die Liebe zur Musik und Kultur. Und „Kochen Unplugged" ist mit seinem nun dritten Teil wie ein Poesiealbum, in das Freunde reinschreiben – oder sich eben „reinkochen".

Immer wieder viel Spaß beim Lesen und Nachkochen ...

UND LOS !!

DAS ALLERLETZTE WORT

VON CHRISTOPH BRAND

DANKE!!

... „Ich glaube, Freunde und Familie sind die Zutat, doch man muss es auch erkennen, wenn man's gut hat, diesen Moment, wenn man das, was man gesucht hat, einfach findet und auch zupackt. Klar, wir wollen immer noch 'n bisschen mehr, schieben's hin und her und machen Listen leer und auch wenn innehalten wichtig wär'. Mittendrin ist schwer" ... (Mark Forster)

Ich bin so mittendrin und dabei ist es gar nicht so schwer. Viele Dinge können liegen bleiben, ein paar auch auf der Strecke, aber diese ganz kleinen Dinge und die wirklich wichtigen müssen gesagt werden. Ich liebe niemanden mehr als meine Familie, meine beste Frau der Welt und unsere 2 Sonnenscheine Jule und Anni, meine Ma, meine Brüder samt Familien; auch wenn sie oft aus den Augen sind, sind sie nie aus dem Sinn.

Ich bedanke mich bei jedem Musiker, der sich drauf eingelassen hat, mich ein bisschen bei sich reingelassen hat und ein bisschen was von sich preisgegeben hat von Teil 1 bis heute ... Das Buch ist die persönlichste Version von mir und es war für mich nie selbstverständlich, was für Möglichkeiten Kochen Unplugged für mich aufgemacht hat. Samy Deluxe, Moses Pelham und Curse begleiten mich fast mein ganzes musikalisches Leben lang und haben alle drei für mich den Dreier komplett gemacht. Unbeschreiblich!

Caro und Daniel von Glasperlenspiel, die Stiebers und Tim Bendzko haben mit mir den Zweier komplett gemacht, dafür alle Daumen nach oben. Danke an Toni L, für die Hip-Hop-Grundschule und das Echt erkennt Echt seit dem ersten Treffen. Ich danke Nisse für sein Herz auf den Beat, Mousse T. für Pop Muzak, Sasha für die Polaroids, Gregor Meyle für mein Unplugged-Heimspiel, Alexa Feser fürs Wunderfinden, Vega für 2 Sekunden und Michael Schulte für jedes kleine Stück.

Ich danke auch den Leuten hinter den Künstlern und Kulissen, ohne die wir wohl nie fertig geworden wären. Gisela, Karin, Sebastian Winkler und der Kunstwerkstadt, Sascha Ewert und 3P, Timo Holstein für Glasperlenspiel und Michael Schulte. Juliane Hormann und Peppermint für Mousse T.

Danke an jede Location und jeden Spot. Hannes Ahrendholz und die Foodboomer, meine Kochbox-Brudies Heiko und Walde für immer am Start sein, an das Schloss Elmau, speziell Naomi Joedicke und damals Mario Corti und Sebastian Haverkemper, an das Gefundene Fressen und Karin Stebler inklusive Spezialbetreuung für Anni, an Hendrik Maas und das Side Hotel, an Jens-Peter Fiene und seine Funky Kitchen, an Frank Buchholz, der mir so kurzfristig seine Kochschule in Mainz zur Verfügung gestellt hat, an Katja Hack für den Support, an die Halle02, meine Helden in Heidelberg, Hannes, Felix und Caro, an Uli Wüllenweber von V-Zug für das Einfädeln von der Kochschule in Berlin.

Ich bedanke mich bei den Fotografen Lana Rossdeutscher, Christian Malsch, Pascal Kerouche und Volker Debus für das Einfangen der schönsten Momente und Gerichte. Volker gebührt noch mal besonderer Dank für die Tage danach und das Food genauso wie Veronique Witzigmann für die süße und mentale Unterstützung.

Danke Nick Mitmanski für Terminnerven und das unglaublich schöne bewegte Material für unsere gemeinsame Unplugged-der-Film-Reise. Vielen Dank an SXCES, besonders Marc, Franzi, Peter und Michael fürs Bildbearbeiten, die fabelhaften Grafiken und das letztendliche Zusammensetzen von allen meinen Unplugged-Steinen. Bei Thorsten Bangerth, TB Kochlegenden fürs Einfädeln, bei Udo von Bergen, bei Sarah Sowarsch und besonders bei Tefal für den Cookware Support zu allen Shootings. Bei Mazine und Manuel für die richtige Klamotte zum Buch, bei Swen Riediger, Carsten Lohrengel und beim Audi Zentrum Göttingen für den perfekten Fahruntersatz, bei Huwi und Renate, dem Mama Thresl und dem Priesteregg für den Ort und die Zeit zum Schreiben. Bei Carla Blum vom Weingut Blum und Daniel Werner von der Hospitalskellerei für den Weinsupport zu allen Gängen, genauso wie bei den Winzern – Christoph Hammel vom Weingut Hammel, Tina Pfaffmann vom Weingut Tina Pfaffmann, Felix Mayer-Themel vom Weingut Mayerhof, Peter Stumpf Die Genossenschaft Winzer Sommerach, Eric und Martina Manz vom Weingut Manz, Vera Wiedemann vom Weingut Kiefer, Oliver Zeter vom Weingut Zeter, Helmuth Hirth, St. Margherita Wines, Benoit Ferré von Bruno Paillard, Tobias Baumann vom Weingut von Winning.

Und zum Schluss, aber niemals nie zuletzt bei meinem Team FK, vorneweg Sascha, mein Partner und Freund in einer Person, und ans ganze Team: Nadine, Kinga, Patrick, Sabrina, Paul, Katha, Sonja, Marcel, Stefan, Basti, Damaso, Doro, Erek, Inken, Mario, Sven, Nico, Leah, Lena, Maike, Kid, Moni …

Christoph Brand

EINE LIEBE, EINE (FK-) FAMILIE

IMPRESSUM

COPYRIGHT
Kochen Unplugged GmbH
Wigandstraße 17
34131 Kassel
www.Kochen-Unplugged.com

REZEPTE/IDEE
Christoph Brand
www.Christoph-Brand.com

TEXTE
Christoph Brand

FOTOGRAFIE
Volker Debus
Lana Roßdeutscher
Christian Malsch
Pascal Kerouche
Janick Zebrowski

LAYOUT/DESIGN/BILDGESTALTUNG
sxces Communication AG
www.sxces.com

DRUCK
Boxan
www.boxan.de

ISBN 978-3-00-065201-1